시작한 날   .   .   .

마친 날   .   .   .

따라 쓰는 기도 노트 1

따라 하는 기도를
내 마음에 적다

장재기 지음

규장

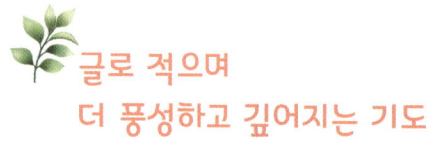
글로 적으며
더 풍성하고 깊어지는 기도

어느 날 길을 걷고 있는 제게 한 분이 다가와 말을 걸었습니다.
"안녕하세요, 장재기 목사님 맞으시죠?"
제가 그렇다고 하며 인사하자, 그 분은 가방에서 수첩을 꺼내 보여주었습니다. 그 안에는 〈따라 하는 기도〉 영상을 보고 한 자 한 자 정성스럽게 옮겨 적은 기도문이 가득했습니다. 그 분은 제게 "이 기도문을 책으로 내주세요"라고 부탁하셨습니다.
그 진심 어린 요청을 계기로 저는 〈따라 하는 기도〉를 책으로 내기 위한 기도를 시작했고, 그렇게 책이 세상에 나오게 되었습니다.
그 후 많은 성도님이 기도를 따라 쓸 수 있도록 기도 필사책을 만들어달라는 요청을 해주셨습니다. 이러한 성도님들의 간절한 요청으로 이번에 《따라 하는 기도 1》의 기도문을 담은 이 기도 노트 《따라 하는 기도를 내 마음에 적다》가 나오게 되었습니다.

'쓰기'를 시작하면 막연했던 것들이 정리됩니다
많은 분이 기도할 때 느끼는 어려움 중 하나는 무슨 말을 해야 할지 모르겠다는 것입니다. 기도하고 싶은 마음은 간절하지만, 막상 기도의 자리에 앉으면 머릿속에 떠오르는 수많은 단어와 생각을 어떻게 정리해 하나님께 기도할지 막막해서 말문이 막히기 일쑤입니다.
바쁜 일상 속에서 우리는 자신을 돌아볼 여유를 잃고, 정작 내가 하나님께 무슨 말을 하고 싶은지조차 모를 때가 많습니다. 그래서 기도하려고 무릎을 꿇어도 마음을 다하지 못하고 시간만 보내는 느낌이 들곤 합니다. 그러다 보면 기도가 점점 부담스러워지고, 심지어 기도 시간이 아깝다고 여겨질 때도 있습니다.

프롤로그

이 기도 노트는 바로 그런 분을 위한 책입니다. 기도는 단순히 말하는 것을 넘어 내 마음을 하나님께 드리는 것입니다. 하나님은 당신이 써 내려가는 글이 아니라 그 글에 담긴 깊은 갈망과 아픔, 소망을 헤아리십니다.

기도를 천천히 따라 쓰다 보면 분주했던 마음이 차분히 가라앉고 흩어졌던 생각이 하나로 모이면서 막연했던 마음이 정리되는 것을 느끼게 될 것입니다. 이 기도문들이 기도의 마중물이 되어 기도가 더 풍성하고 깊어질 것입니다.

솔직한 마음과 온전한 집중으로 주님께 나아가세요

기도는 부담이 아니라 하나님의 자녀만이 누릴 수 있는 놀라운 특권입니다. 이 책을 통해 기도 시간이 더 즐거워지고 하나님과 더 가까워지는 은혜를 경험하시기를 소망합니다. 기도를 이제 막 시작하는 분이든, 아니면 하나님과 더 깊은 교제를 원하는 분이든 이 기도문을 따라 쓰는 동안 마음이 활짝 열리고, 하나님께 온전히 집중하는 새로운 기도의 경험을 하게 될 것입니다.

이제 멈춰있었던 기도의 여정을 다시 시작해보세요. 하나님께서 당신의 삶을 어떻게 변화시키실지 그분의 놀라운 손길을 기대하며 나아가세요. 이 책을 펼쳐 든 성도님을 향해 주님께서 이렇게 말씀하실 것입니다.

"사랑하는 딸아, 사랑하는 아들아!
너는 나를 원하고 있구나. 나도 너를 기다리고 있었단다.
너와 함께하는 이 시간이 내게는 참으로 소중하단다.
나는 너의 완벽한 기도가 아니라 솔직한 마음을 원한단다."

기도의 동역자
장재기 목사

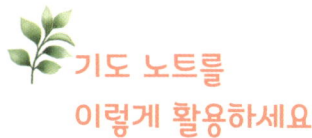
기도 노트를 이렇게 활용하세요

1. 기도에 온전히 집중하세요
이 책에 실린 기도문은 《따라 하는 기도 1》(도서)에서 발췌한 내용이지만, 똑같지는 않습니다. 따라 쓰기 쉽도록 행을 나누고 글을 다듬어 새롭게 편집했습니다. 1권을 펴거나 영상을 틀지 말고, 기도 노트만 펴두고 오롯이 기도에 집중하세요. 온전히 주님과 나만의 시간으로 만드세요.

2. 글씨나 형식에 얽매이지 마세요
글씨가 커서 한 줄을 넘어가거나 한 줄씩 밀려도 전혀 문제없습니다. 중요한 것은 잘 쓰려는 부담을 내려놓고, 한 자 한 자, 한 마디 한 마디에 마음을 담아 기도하는 것입니다. 기도는 완벽한 형식이 아니라 솔직한 마음을 담는 것이 가장 중요합니다.

3. 기도문을 상황에 맞게 조정하세요
기도문이 현재 자신의 상황과 조금 다르다면, 자신의 상황에 맞게 수정하거나 누군가를 위한 중보 기도로 사용하셔도 좋습니다. 기도를 따라 쓰는 동안 하나님께 더 가까이 나아가는 데 집중하세요.

4. 부부를 위한 기도
25장 〈부부를 위한 기도〉는 남편의 기도와 아내의 기도로 나뉘어 있습니다. 하나는 나를 위해, 다른 하나는 배우자를 위해 중보하는 마음으로 기도문을 따라 쓰면 됩니다.

이 책의 활용법

5. 잠시 멈춰 묵상하는 시간을 가지세요
기도문을 쓰는 도중이라도 잠시 멈춰서 하나님께서 주시는 감동이나 깨달음을 묵상하세요. 마음이 움직이는 순간을 놓치지 말고, 주님께 귀 기울이세요. 기도문을 따라 쓰는 동안 하나님께서 당신에게 특별히 주시는 메시지가 있을 수 있습니다. 그때는 잠시 멈춰 묵상하는 것도 좋습니다.

6. 하나님의 말씀을 떠올리세요
기도문을 쓰는 동안 성경 구절이나 하나님의 약속이 떠오르면 그 말씀을 기도문과 함께 적어보세요. 기도문과 성경 말씀을 함께 묵상하며 기도할 때, 하나님의 뜻을 더 깊이 이해하고 기도 응답에 확신을 가질 수 있습니다.

7. '나만의 기도'를 작성하세요
한 챕터를 다 쓰고 나면, 쓰는 동안 생각났던 나만의 기도와 기도문에서 특히 마음에 와 닿았던 부분, 주님이 주시는 마음을 '나의 기도' 페이지에 자유롭게 적으며 기도하세요.

8. 기도 노트를 친구나 가족과 함께 사용하세요
이 책은 개인기도 시간에 사용할 뿐만 아니라, 친구나 가족과 함께 사용해도 좋습니다. 함께 기도문을 따라 씀으로써 더 지속적으로 기도 시간을 가질 수 있습니다.

기도를 따라 쓰는 것은 단순한 필사를 넘어 나의 마음을 온전히 하나님께 드리는 것입니다. 이 기도 노트를 통해 하나님께서 나의 삶 속에서 어떻게 일하시는지 더 깊이 경험하시길 소망합니다.

프롤로그
이 책의 활용법

PART 1 기도를 알자

1장	기도는 쉽다	12
2장	기도는 하나님께 하는 것이다	18
3장	기도는 나를 위한 것이다	24
4장	기도는 하나님이 이끄신다	30

PART 2 기도를 따라 쓰자

1장	상처받은 마음을 치유하는 기도	38
2장	질병의 치유를 위한 기도	44
3장	회개기도	50
4장	하나님을 찬양하는 기도	56
5장	고난을 이기는 기도	64
6장	소망을 주는 기도	71
7장	한 해를 바꾸는 기도	78
8장	하루를 시작하는 기도	86
9장	낮에 드리는 기도	90
10장	하루를 마치는 기도	96
11장	잠자며 드리는 기도	102
12장	마음의 평안을 위한 기도	109

13장	인생을 바꾸는 감사 기도	114
14장	긍정적인 마음을 갖는 기도	120
15장	건강한 삶을 위한 기도	128
16장	하나님의 자녀가 되는 기도(영접기도)	136
17장	영적 성장을 위한 기도	144
18장	믿음의 기도	150
19장	예배를 위한 기도	156
20장	교회를 위한 기도	163
21장	가정을 위한 기도	170
22장	일터를 위한 기도	176
23장	나라와 민족을 위한 기도	183
24장	배우자를 구하는 기도	190
25-1장	부부를 위한 남편의 기도	196
25-2장	부부를 위한 아내의 기도	201
26장	자녀를 위한 축복기도 1	208
27장	자녀를 위한 축복기도 2	214
28장	수험생을 위한 기도	221
29장	인생이 바뀌는 7가지 기도	228
30장	은혜를 구하는 기도	232
31장	예수 기도	236

PART 1

기
도
를

알
자

01

기도는 쉽다

기도를 시작하는 우리에게 중요한 것은
더 다양한 기도의 방법을 배우거나
더 많은 기도 규칙을 아는 것이 아닙니다.
지금은 기도가 쉽고 재미있다는 것을
느끼는 것이 중요하고,
기도의 첫걸음을 뗄 수 있게 하는 것이
필요합니다.

알려줘도 못 하는 것이 있고,
알아도 잘 안 되는 것이 있습니다.
처음부터 너무 수준 높은 기도를
하려고 하면 안 됩니다.

기도는 시작하는 것이 중요합니다.
옳은 기도, 바른 기도, 수준 높은 기도보다
지금 기도를 시작하는 것이 더 중요합니다.
할 수 있는 만큼, 할 수 있는 내용을 가지고 시작하는 것입니다.
기도는 그저 필요한 것을 달라고
솔직하게 이야기하는 데서 시작하는 것입니다.
이 단계를 거치지 않고 다음 단계로 넘어갈 수 없습니다.

내 기도가 틀린 것은 아닌지,
이 기도가 잘못된 기도는 아닌지
너무 고민하지 마세요.
틀려도 괜찮습니다.
너무 잘하려고 하지 마세요.
완벽하게 배워서 하지 않아도 됩니다.
기도는 그냥 하면 됩니다.

하나님은 우리가 하는 그 어떤 기도도
다 들어주실 만큼 충분히 크신 분입니다.
우리가 무엇을 원하는지
무엇이 필요한지 다 아시고
우리에게 가장 좋은 것을 주시는
좋은 분입니다.

구하는 기도를 기복적인 기도라고 정죄해서는 안 됩니다.
하나님은 우리에게 구하라고 하셨고,
구하는 자에게 축복하겠다고 말씀하셨습니다.
예수님은 영혼의 문제뿐만 아니라
현실의 문제도 관심을 갖고 해결해주셨습니다.
구하는 기도는 기복이 아니라 축복입니다.

02

기도는 하나님께 하는 것이다

어떻게 기도하느냐보다 더 중요한 것은
누구에게 기도하느냐입니다.
기도는 스타일이 아닙니다.
기도의 방법은 흉내 낼 수 있어도
기도의 능력은 흉내 낼 수 없습니다.

하나님은 우리를 죄의 노예에서
하나님의 노예로 바꾸신 것이 아니라,
하나님의 자녀가 되게 하셨습니다.
그분은 나를 사랑하시는 내 아빠입니다.
내가 구할 때마다
가장 좋은 것을 주시는 아빠입니다.
그래서 기도는 놀라운 특권입니다.

기도하지 않는다는 것은
하나님이 어떤 분이신지
아직 잘 모른다는 것입니다.
하나님이 어떤 분이신지 알면
기도가 쉬워집니다.
하나님의 사랑이 얼마나 큰지
알게 되면 기도가 재밌어집니다.
하나님의 능력이 얼마나 놀라운지
알면 기도가 즐거워집니다.
그분의 지혜와 능력과 사랑을 알면
기도하는 시간이 기다려집니다.

하나님은 우리의 기도에
반드시 응답해주십니다.
그러나 우리가 기도한 대로
다 응답되면 세상이
엉망이 되지 않겠습니까.
모든 것을 아시는 하나님께서
가장 선하신 방법으로
우리의 기도에 응답해주십니다.

아름다운 교제를 위해
갖추어야 할
두 가지 중요한
마음 자세가 있습니다.
존중감과 친밀감입니다.
하나님을 향한
경외심과 친밀감이
그분과의 관계를 더욱더
깊고 풍성하게 합니다.
기도는 하나님과
아름다운 우정을
나누는 교제입니다.

기도는 자신을 향해 있던 시선을 하나님께 돌려서
하나님께 시선을 고정하고 계속 그분을 바라보는 것입니다.
내가 얼마나 약한지가 아니라
나와 함께하시는 하나님이 얼마나 크고 놀라우신지,
내가 얼마나 부족한지가 아니라
나를 도우시는 하나님이 얼마나 위대한 분이신지,
내가 얼마나 초라한지가 아니라
나를 지으신 하나님이 얼마나 아름다운 분이신지에 집중하는 것입니다.

03
기도는 나를 위한 것이다

환난 날에 하나님을 부르라고 하십니다.
힘들 때, 도움이 필요할 때 하나님을 깨우면
하나님께서 도우시고
우리의 기도에 응답해주신다는 것입니다.
그런데 하나님께 도움을 요청하는 그것이
하나님을 영화롭게 한다는 것입니다.

하나님은 자녀인 우리가
뭔가를 잘할 때도 기뻐하시지만,
하나님께 뭔가 할 수 있는 기회를 드릴 때
훨씬 더 기뻐하십니다.
우리가 성공한 자리뿐만 아니라
실패한 자리도 하나님을 영화롭게 할 수 있습니다.

자녀가 누릴 수 있는
가장 놀라운 특권은
아버지께 언제든
나아갈 수 있는 것입니다.
왕 앞에 자기 마음대로 나아가
왕에게 당당히 요구하는 것은
자녀만 할 수 있는 특권입니다.
하나님께서 내 아빠 되시고
나는 하나님의 자녀가
되었다는 것은
이제 내가 창조주 하나님께
언제든지 나아갈 수 있게
되었다는 것입니다.

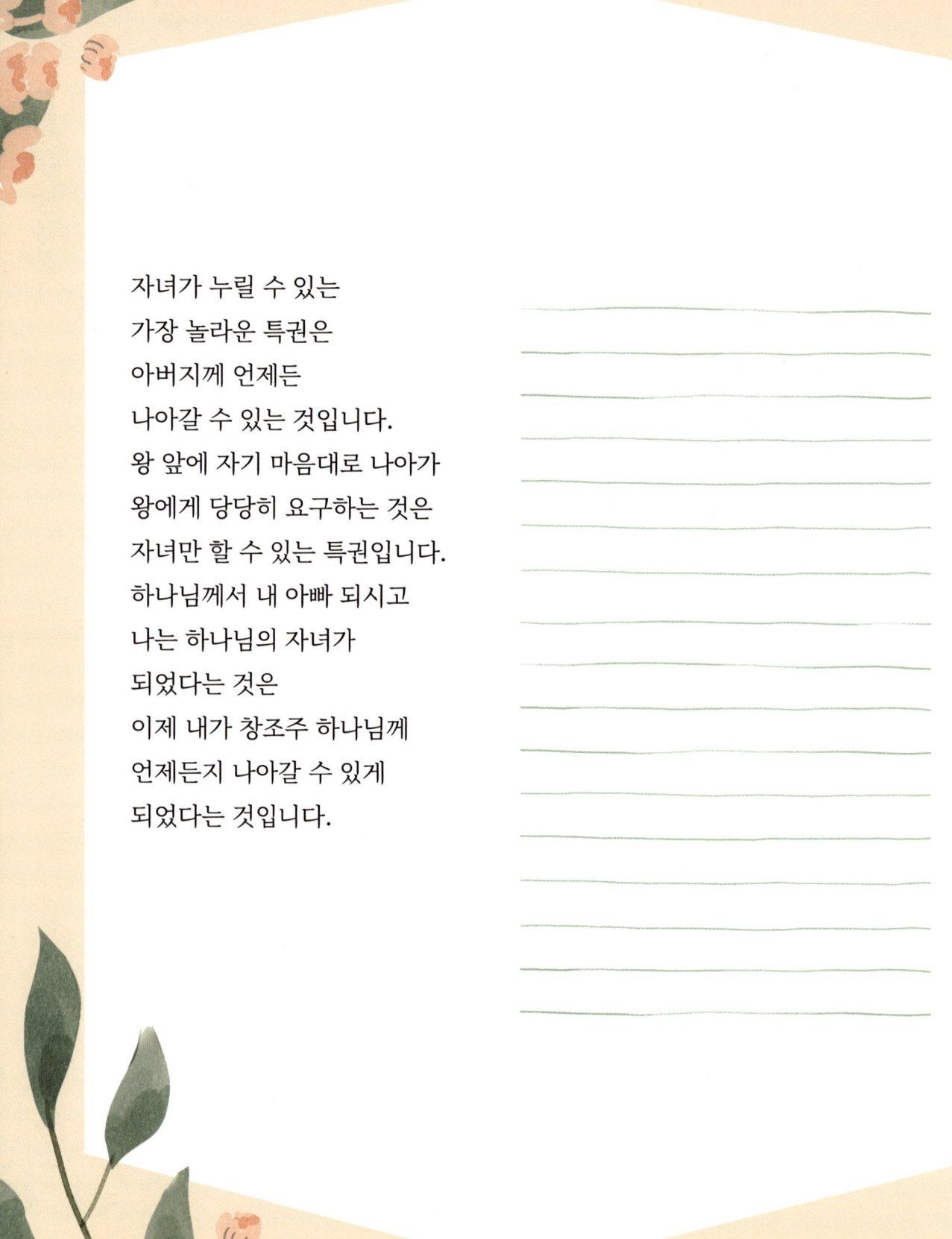

쉬지 말고 기도하라고 명령하신 것은
무거운 의무가 아니라
놀라운 특권이자 축복입니다.
언제든지 내가 기도하면
만왕의 왕이신 하나님께서
들으시겠다는 것이기 때문입니다.

하나님께서
"언제든지 내 방문을 열고 들어오라" 하십니다.
밤이든 낮이든, 몇 시간이든 상관없다는 것입니다.
큰일이든 작은 일이든, 중요한 일이든 사소한 일이든,
언제든지 "주님" 하고 부르면
"그래" 하고 대답하시겠다는 것입니다.
온 우주 만물을 창조하신 하나님께서
먼지보다 작은 나의 5분 대기조가 된다는 것입니다.

하나님께 가장 중요한 사람이
우리이고,
하나님께 가장 급한 일이
우리를 만나는 일이고,
하나님께 가장 큰 일이
우리 기도에 응답하는 일이라는 것입니다.
이것이 우리가 기도할 이유입니다.

04

기도는 하나님이 이끄신다

크신 하나님의 자존심을 세워 드린다는 것은
하나님의 크심을 믿고 크게 구하는 것입니다.
"네 입을 크게 열라! 내가 채우리라"(시 81:10) 하였으니
크게 구하십시오.
그것이 하나님을 믿는 것입니다.

성경은
기도하고 '계획을 세우면'
이뤄진다고 하지 않습니다.
기도하고 '열심히 노력하면'
이뤄진다고 하지 않습니다.
기도에 '믿음을 더하면'
이뤄진다고 말씀합니다.

"네가 나를 믿느냐?"
우리는 그저 하나님께서
우리의 기도를 들으시고
이미 그 기도에 응답하셨다고
믿으면 됩니다.
이미 이루어진 것처럼
믿고 감사하는 것이죠.
"주님,
응답해주셔서 감사합니다.
고쳐주셔서 감사합니다.
채워주셔서 감사합니다."

우리의 부족함 때문에 하나님의 역사가 제한받지 않고
우리의 실수 때문에 하나님의 계획이 실패하지 않습니다.
내가 포기했다고 하나님도 포기하신 것은 아닙니다.
하나님께서 뜻하신 것은 그분이 이루십니다.
하나님께는 모든 것이 가능합니다.
하나님께서 우리에게 가장 좋은 것을 주기 원하시고,
우리를 위해 최선을 다하고 계심을 믿어야 합니다.

성령님이 인도하시는 기도의 목적지는
하나님을 만나는 것입니다.
내 기도에 응답해주신
하나님을 만난 기쁨은
기도가 응답된 기쁨보다
훨씬 더 큰 기쁨입니다.

기도의 주도권은 성령님께 있습니다.
기도의 주체는 내가 아니라 성령님이시므로
나의 부족함은 전혀 문제가 되지 않습니다.
성령님이 기도를 인도해 가시니
우리는 이렇게 기도하면 됩니다.
"성령님, 이 시간
제 마음과 제 입술과 제 영혼을 다스려주시옵소서."

PART 2

기도를 따라 쓰자

01 상처받은 마음을 치유하는 기도

하나님 아버지,
저의 아픈 마음을 가지고
나아갑니다.

전 아직 저 자신을
용서할 수 없습니다.
저를 용서해주시고
제가 자신을 용서할 수 있도록
도와주세요.

저를 있는 모습 그대로 받아주시고,
저의 연약함까지도 다 아시며
사랑하신 하나님의 사랑이
지식으로 아는 것을 넘어서서
마음 깊은 곳에서부터
믿어지게 해주세요.

예수님이 아무 조건 없이
저를 사랑하셨듯
저도 저를 그렇게 사랑하겠습니다.

사람들이 나를 떠나면 어쩌나,
나를 싫어하면 어떻게 하나,
늘 가슴 졸이며 살아왔습니다.

마음이 너무 외롭습니다.
텅 빈 제 마음을 만져주시옵소서.

주님,
모든 무거운 마음을 내려놓고
온전히 주께 맡겨드립니다.
주님, 받아주시옵소서.
아버지의 넓은 품에 안겨
주님의 따뜻한 위로와
사랑의 음성으로
새 힘을 얻게 해주시옵소서.

모든 눈물을 닦아주시고,
아픈 과거에 얽매이지 않도록
도와주시옵소서.
모든 슬픈 기억을 떠나보낼
믿음과 용기를 주시옵소서.

다시 소망의 주님을 바라보며
다시 일어설 용기를 주시옵소서.

무기력한 마음도
다 포기하고 싶은 마음도
죽고 싶은 생각도
예수의 이름으로
떠나가게 하옵소서.

예수님의 이름을 부를 때
저를 막아선 원수들이 쫓겨 가고
어둠의 영이 다 떠나가며
저의 모든 상처가 깨끗하게
치유되었음을 믿습니다.

제게 어떤 아픔과 상처가 있어도
주님은 변함없이 저를 사랑하시고
저를 통해 놀라운 일을
행하실 것입니다.
이제는 과거의 상처를 붙들고
원망하며 살지 않겠습니다.
저를 힘들고 아프게 했던 사람들을
주님을 신뢰함으로 용서하겠습니다.

살아계신 주님,
상처받은 나는 죽었습니다.
연약한 나는 죽었습니다.
두려워하는 나는 죽었습니다.
열등감 많은 나는 죽었습니다.
강하신 주님이 제 안에 사십니다.
죽음을 이기신 주님이
제 안에 사십니다.
이제 나는 죽고 예수로 살겠습니다.

제 마음을 예수님으로
가득 채워주시니 감사합니다.

염려와 걱정이 사라지고
하늘의 위로와 소망이
넘치게 하시니 감사합니다.
찬양의 입술을 열어주시고
기도의 영을 부어주시니
감사합니다.

주님의 풍성한 사랑과 은혜로
제 영혼을 가득 채워주시고
감사와 기쁨을 회복시키시니
감사합니다.
다시 사랑하며 살아갈
용기를 주시니 감사합니다.

이제 나를 사랑하신 주님과 함께
새로운 삶을 살아가겠습니다.
주님 감사합니다.

우리의 치료자이신
예수님의 이름으로
기도드립니다. 아멘.

나의 기도

02 질병의 치유를 위한 기도

살아계신 하나님,
질병의 고통 가운데
주님 앞에 엎드린 자녀들,
기도할 기력조차 잃은 채
병상에 누운 자들이 있습니다.

외로움과 두려움 속에
병마와 싸우고 있는
주님의 사랑하는 자녀를
불쌍히 여겨주시고
치료의 은혜를 내려주옵소서.

저희는 약하고 부족하지만
하나님은 강하시고
부족함이 없습니다.

저희를 찾아와 만나주시고,
닫힌 마음의 문을 열고
하나님의 임재로 채워주옵소서.

주님이 일하실 것을 기대합니다.
주님의 역사하심을 기대합니다.
기도에 응답하실
주님을 기대합니다.

치료하고 회복시키시는
놀라우신 주님의 역사가
지금 일어날 줄 믿습니다.
기적이 일어날 줄 믿습니다.
주님, 고쳐주시옵소서.

예수 그리스도의 이름에
능력이 있습니다.
이 시간 예수 이름으로 선포할 때
저희를 묶고 있는 두려움,
낙심하게 하는 어둠의 영,
절망이 모두 떠나갈 줄 믿습니다.

나사렛 예수 그리스도의
이름으로 명하노니
우리를 고통스럽게 하는
모든 질병은 깨끗이 치료될지어다.
모든 염증은 사라지고
모든 통증은 사라질지어다.
모든 뼈 마디마디가
제자리로 돌아가고
모든 세포가 깨끗이 회복될지어다.
몸의 기능이 정상으로 돌아오고
면역력이 쑥쑥 올라갈지어다.

이 시간, 저희를 다스려주시고
성령으로 충만하게 하옵소서.

믿음으로 손을 얹은 곳마다
하나님께서 강력하게
터치해주옵소서.

우리 하나님은
살리는 영이십니다.
부활의 영이요 생명의 영이요
치유의 영이십니다.

주님이 치유하신다는
강한 믿음이
마음 깊은 곳에서부터 솟아나고
믿음이 확신으로
바뀌게 해주시옵소서.

온몸 구석구석에 피가 잘 흐르고
죽어 있는 모든 신경이 살아나며
머리가 맑아지게 해주시옵소서.
약해진 근육이 힘을 얻으며
걸을 수 없던 자들이 걷고
일상의 자리로
돌아가게 해주시옵소서.

막힌 곳이 뚫리고
굳은 것이 풀리며
호흡이 돌아오게 해주시옵소서.

우울증과 공황장애,
여러 가지 마음의 병도
깨끗이 낫게 해주시옵소서.
회복시켜 주시옵소서.

저희의 머리끝에서 발끝까지
강력한 치유의 빛을 비춰주시고
치유의 기름을 부어주시옵소서.
십자가의 보혈로 깨끗하게
나음을 얻게 해주시옵소서.

주님,
깨끗이 치유되었음을 믿습니다.
이 시간 모든 질병으로부터
자유케 하셨음을 믿습니다.

이 시간 주께서 고쳐주심을
믿고 감사드립니다.
깨끗이 고쳐주셔서 감사합니다.
치료하신 하나님을 찬양합니다.

우리의 치료자 되시는
예수님의 이름으로
기도드립니다. 아멘.

나의 기도

03 회개기도

살아계신 하나님.
이 시간, 주님의 긍휼과
자비를 구하며 엎드립니다.

죄에 무뎌진 가슴에
애통하는 마음과
자복하고 통회하는 마음을
다시 회복시켜 주시고,
말라버린 참회의 눈물이
다시 흐르게 하여주옵소서.

거짓과 속임으로 가득 찬 입술에
진실한 기도를 회복시켜 주시고,
삶을 고치는 진정한 회개가
일어나게 해주시옵소서.

하나님보다
돈과 권력과 쾌락을
주인으로 삼고 살았습니다.
제가 제 삶의 주인이 되어
나의 만족과 유익을 위해
살아왔습니다.
주님, 용서하여주시옵소서.

이제 영적 간음을 멈추겠습니다.
돈, 성공, 쾌락에 더 이상
마음을 빼앗기지 않겠습니다.
모든 우상을 제거하겠습니다.
주님, 도와주시옵소서.

하나님 아버지,
부도덕함과 이기심과 욕심으로
하나님의 이름을 욕되게 하고,
하나님의 이름을 높이기보다
제 이름을 드러내며 살아온
삶을 회개합니다.

예배당에서만 하나님을 기억하고
제 삶의 자리에서는
하나님을 잊고 살았습니다.
하나님보다 내 감정을 따랐고
내가 노력하면 다 된다는
생각으로 살았습니다.

예배를 무너뜨린 죄를 회개합니다.
이제 하나님을 기억하고
경외하며 살아가겠습니다.
영과 진리로 예배하겠습니다.

가정을 지키지 못한 죄를
회개합니다.

아내를 위해 죽지 못한 죄,
(남편에게 순종하지 못한 죄,)
부모님을 공경하지 못한 죄,
자녀 마음에 억울함과 분노를
심은 죄를 회개합니다.

다시 가정을 세우는 데
힘쓰겠습니다.
남편(아내)의 자리를 지키겠습니다.
부모님의 권위를 인정하고
부모님을 존경하겠습니다.
존경받는 부모가 되겠습니다.
주여, 이 가정에
은혜를 베풀어주시옵소서.

하나님 아버지,
약한 사람을 무시하고
함부로 대했으며
다른 사람을 험담했습니다.
복음을 전하는 것은 주저하면서
가짜뉴스는 열심히도 전했습니다.
이 죄악을 용서하여주시옵소서.
이제 많은 말보다 따뜻한 말,
정직하고 진실한 말을 하겠습니다.

누군가의 수고와 노력이 담긴 것을
정당한 대가 없이 사용한 죄,

남의 것을 훔치고도
훔쳤다는 생각조차 하지 못한
완악함을 회개합니다.
다른 사람이 가져야 할 것을
내 몫으로 챙긴 탐욕을 회개합니다.
끊임없이 다른 사람과 비교하고,
부러워하던 삶을 회개합니다.

주님, 용서하여주시옵소서.
이제 자족하며
감사하는 마음으로 살겠습니다.
저를 긍휼히 여겨주시옵소서.

사랑하는 주님, 이 땅에
하나님을 경외하는 마음이
더 커지게 해주시옵소서.
이 민족이 이웃을 사랑하며
더 진실하게 살아가고,
교회가 매일 사랑의 주님을
더 닮아가게 해주시옵소서.
그리하여 이 땅에 다시 한번
부흥이 임하게 해주시옵소서.

우리의 모든 죄를 용서하시려
십자가에 달리신
예수님의 이름으로
기도드립니다. 아멘.

나의 기도

04 하나님을 찬양하는 기도

주님, 제게 베풀어주신
구원의 놀라운 은혜를 기억하며
감사와 찬양을 올려드립니다.

주님께만 진정한 기쁨이 있습니다.
제가 다른 것에서
기쁨을 찾지 않겠습니다.
만족을 구하지 않겠습니다.
주님이면 충분합니다.
내 모든 것 되신 주님을 찬양합니다.

창조주 하나님을 찬양합니다.
완전하신 하나님을 찬양합니다.
처음과 나중 되시며,
어제도 계셨고 지금도 계시는
영원하신 하나님을 찬양합니다.
어디에나 계시고,
제가 어디 있든 늘 함께
계시는 하나님을 찬양합니다.

저를 향한 놀라운 목적을
반드시 이루시며,
제게 주신 약속을 반드시 지키시는
변함없으신 하나님을 찬양합니다.

눈으로 볼 수 없고
손으로 만질 수 없어도
여전히 저와 함께하시는
살아계신 하나님을 찬양합니다.

조금도 부족함이 없으시며
뜻하신 모든 일을 이루시는
전능하신 하나님을 찬양합니다.
역사를 주관하고 다스리며
섭리하시는 하나님을 찬양합니다.
제 머리카락까지도 다 세시며,
제가 앉고 서는 것, 슬픔과 아픔,
지난날의 모든 순간을
다 아시는 하나님을 찬양합니다.

고통받는 자녀를 긍휼히
여겨주시는 자비로우신 하나님,
단 한 줌의 죄도 용납하지 않는
거룩하신 하나님,
모든 어그러진 것을 화평케 하시는
평화의 왕을 찬양합니다.

자신의 모든 것을 내어주시고
독생자 외아들을 내어주시기까지
우리를 사랑하신
사랑의 하나님을 찬양합니다.

악한 생각이 전혀 없으시며
언제나 선한 생각과 계획으로
우리 삶을 인도하시는
선하신 주님을 찬양합니다.
우리에게 자유를 주신
주님을 찬양합니다.

언제나 최고의 선택이
무엇인지 아시는
지혜로우신 하나님을 찬양합니다.
제게 언제나 진실만을 말씀하시는
진리 되신 하나님을 찬양합니다.
불법을 행하지 않으시고,
언제나 바른길을 걸으시고,
의로운 선택을 하시는
의로우신 주님을 찬양합니다.

그 크신 하나님께서
지극히 작은 나를 두고
질투하기까지 사랑하시니
하나님을 찬양합니다.
날마다 우리에게
놀라운 축복을 내려주시는
복의 근원 되신 주님을 찬양합니다.

은혜롭고 자비롭고
노하기를 더디 하시는 주님,

온유하고 겸손하고 너그러우신
주님을 찬양합니다.

저의 아버지이시며
저와 인격적 교제를 나누시는
영이신 하나님을 찬양합니다.
저를 바라보며 즐거워하시고,
저로 인해 기뻐 춤추시는
주님을 찬양합니다.

제 마음을 다 아시는 주님은
죄인인 저를 정죄하지 않고
있는 모습 그대로 용납해주십니다.
연약하고 부족한 저를
오래 참아주십니다.
사람들이 다 저를 버려도
끝까지 포기하지 않으시고,
결코 버리지도 떠나지도 않으시는
주님을 찬양합니다.

위엄과 권위가 있으심에도
저를 협박하지 않고
인격적으로 대해주시는
하나님을 찬양합니다.
원수의 공격 앞에서 제 편이 되어
저를 지켜주시고 대신 싸워주시는
하나님을 찬양합니다.

언제나 넓은 마음으로
저를 받아주시고,
가장 좋은 것으로 채워주시는
하나님을 찬양합니다.
나의 피난처와 안식처가 되시는
하나님을 찬양합니다.

작은 것 하나까지도 잊지 않고
칭찬하고 격려해주시는
하나님을 찬양합니다.

주님은 어떤 상황에서도
제 이야기를 끝까지 들어주시고
제 마음에 공감해주십니다.

제가 넘어졌을 때,
제가 지쳐 있을 때,
제가 주님을 등졌을 때조차
언제나 제게 먼저 찾아오시는
주님을 찬양합니다.

편견 없이 저를 바라봐주시고,
매일 드리는 기도도
마치 처음 듣는 것처럼
언제나 집중해서 들어주시는
하나님을 찬양합니다.

순결하고 거룩하고 존귀하신
하나님을 찬양합니다.
엄위하고 위엄이 있으며
높으신 주님을 찬양합니다.
모든 상처와 아픈 과거를
치유하시는 하나님을 찬양합니다.

실수가 없으신 하나님,
실망시키지 않으시는
하나님을 찬양합니다.
날마다 우리를 승리케 하신
하나님을 찬양합니다.

왕이신 하나님,
저희의 경배와 찬양과
예배를 받아주시고
홀로 높임을 받아주시옵소서.
온 마음과 뜻과 정성을 다해
주님만 사랑하고 높여드립니다.
할렐루야.

찬양받기에 합당하신
예수님의 이름으로
기도드립니다. 아멘.

나의 기도

05 고난을 이기는 기도

은혜로우신 주님.
주님의 은혜가 없이는
단 하루도 살 수 없습니다.
그 은혜가 제 모든 것을 바꾸었고
저를 이곳까지 인도했습니다.

이 시간, 믿음으로
구하고 찾고 두드립니다.
살아계신 주님이 주시고,
찾게 하시고, 열어주시옵소서.

치료의 하나님,
기도하는 모든 자에게
하나님의 만지심과
회복의 역사와 기적이
일어나게 해주시옵소서.

환부에 안수해주시고,
십자가의 보혈로
모든 질병을 깨끗이
치유해주시옵소서.

병상에 누운 가족을 위한
간절한 기도를 들으시고,

가정마다 좋은 소식이
들려오게 하여주시옵소서.
우리를 구원하고 치유하시는
하나님을 찬양하는 소리가
온 땅 가득 울려 퍼지게 하옵소서.

사랑하는 주님,
인생의 무거운 짐을 지고 가는
부모님을 붙잡아 주시고,
두려움 가운데 살아가는
자녀들을 지켜주시옵소서.

인생에서 실패의 자리를
지나는 성도들이
다시 눈을 들어 주를 보게 하시고,
인생이 하나님의 손에 있음을 믿고
다시 일어서게 하여주시옵소서.

상한 마음을 가진 자들에게
기쁨을 부어주시옵소서.
경제적 고통 가운데 있는 자들에게
풍성한 물질의 은혜를 내려주시고
깨어진 관계로 고통받는 자들에게
화평케 하는 은혜를 주시옵소서.
하늘로부터 오는 평강과 기쁨이
심령에 가득하게 하여주옵소서.

하나님의 깊은 사랑을
다시 경험하고 깨닫는
시간 되게 하옵소서.
우리의 모든 필요를 아시고,
먹이고 입히고 채워주시는
주님의 따뜻한 손길을
경험하게 하여주시옵소서.

예수 그리스도의 이름에
능력이 있는 줄로 믿습니다.

이 시간, 예수 그리스도의
이름으로 선포할 때
나를 묶고 있는
모든 두려움이 떠나갈지어다.
우울하게 하는 어둠의 영은
모두 떠나갈지어다.
내 믿음을 흔들어대는
모든 악한 마귀 권세가
예수 이름 앞에 굴복할지어다.

성령님, 다스려주시옵소서.
생명의 영으로 다스려주옵소서.
거룩의 영, 기쁨의 영,
평화의 영으로 우리를
충만하게 하여주시고
거룩한 보혈로 덮어주시옵소서.

오늘도 주님 앞에 나는 죽고
예수님이 살기를 원합니다.

예수님이 나의 주인이요
삶의 인도자 되어주시옵소서.
주님이 인도하시는 길이
가장 안전하고 가장 좋은
길인 줄 믿습니다.

모든 고난의 자리를
털고 일어서도록
주님, 이 시간 말씀해주시옵소서.

"_____아(야), 일어날지어다.
기뻐 뛸지어다.
내가 너를 정금같이 단련하였으니
반드시 내가 너를 들어 쓸 것이라.
반드시 내가 너를 축복할 것이라.
두려워 마라. 놀라지 마라.
내가 너와 함께함이니라."

모든 고난의 자리에 함께하시고
넉넉히 이기게 하실
주님을 찬양하며 감사드립니다.

주님이 저를 안전하게 지켜주시니
제가 평안히 눕고 잘 수 있습니다.

이 시간 예수님을 바라볼 때
성령 하나님의 거룩한 임재로
온몸을 감싸주시옵소서.

주님의 평안이 임합니다.
담대함이 생기고
새 힘이 솟아납니다.
믿음이 샘 솟고
마음이 여유로워집니다.

주님 감사합니다.
주님 사랑합니다.
주님 찬양합니다.

나를 안전하게 지켜주시는
예수님의 이름으로
기도드립니다. 아멘.

나의 기도

06 소망을 주는 기도

주님,
저를 긍휼히 여겨주시옵소서.
연약하고 부족한 저를
아버지의 품에 안아주옵소서.
사랑으로 감싸주시는 그 품에서
주의 얼굴 보기 원합니다.

주님의 임재 안에서
사랑의 음성을 듣게 하옵소서.
어려움을 이겨낼 힘과 능력이
우리 주님께 있음을 알기에
오늘도 소망의 주님을 바라봅니다.

하나님은 제가 겪는
그 어떤 어려움보다 크십니다.
저에게 큰일도
하나님께는 작은 일이고
제게 어려운 일도
하나님께는 쉬운 일입니다.

그러기에 크신 주님께
제 모든 일을 의탁합니다.
살아계신 주님을 바라볼 때
모든 염려와 근심은 사라지고

하늘의 위로와 소망이
넘쳐나게 해주시옵소서.

이 시간, 주님께 간구하오니
질병의 고통, 가정의 아픔,
재정 문제, 남에게 말하기
부끄러운 어려움 등
삶을 얽어맨 모든 사슬에서
벗어나는 은혜를 주시옵소서.

주님, 이 시간 말씀해주시옵소서.
"사랑하는 ＿＿＿＿아(야),
내가 너의 두 손을 꼭 잡고 있노라.
내가 너의 모든 눈물을 닦아주며
내가 너의 수치를 면케 하고
네가 아파한 만큼
더 큰 기쁨의 날을 네게 주리라.
내가 너를 부요케 할 것이며,
내가 너를 높이 들어 쓰리라."

인생의 큰 풍랑 앞에서
저는 작고 연약하지만
하나님은 크고 위대하십니다.
큰 풍랑도 제게 유익할 수 있음은
그곳에서 살아계신 하나님을
만날 수 있기 때문입니다.

저의 작은 부르짖음을
큰 파도 소리보다
더 크게 들어주시는 하나님,
저는 지금 거친 풍랑 앞에서
어찌해야 할지 모르겠지만,
신실하신 하나님께서
마침내 안전한 항구로
인도해주실 것을 믿습니다.

주님,
저는 세상 속에서
끊임없이 흔들립니다.
두려움이 너무 많습니다.
오늘도 주님을 의지하오니
이곳에 임재해주시옵소서.

주님의 임재 앞에
모든 묶임이 풀어지고
모든 저주가 끊어질 줄 믿습니다.
모든 어둠의 영이 떠나가고
모든 원수가 쫓겨 갈 줄 믿습니다.

주님만이 저의 힘이요
능력이요 생명이십니다.
저는 약하지만 주님은 강하시고
저는 깨어졌지만
주님은 온전하십니다.

주님의 손으로 저를 붙드시고
고난을 이기는 믿음을 주옵소서.
주님의 평강이 임하게 하옵소서.

주님의 이름을 선포할 때
무너진 삶이 회복될 줄 믿습니다.
왕 되신 주님을 선포할 때
감사와 기쁨이 회복되고,
기도가 회복될 줄 믿습니다.

아무리 제 상황이 어려워도
하나님은 상황에
제한받지 않으십니다.
아무리 나를 힘들게 하는 사람도
하나님의 역사를 방해할 수 없고
제 삶을 결정할 수 없습니다.

왕과 모든 권위자의 마음을
움직이는 분이 하나님이시기에
제 삶은 하나님의 손에 달려있고
그 결정권은 오직
하나님께 있습니다.

주님이 나의 빛이요 구원이요
생명의 능력이시니
제가 두렵지 않습니다.

원수가 사방에서 나를 대적해도
주님이 나의 피난처 되시니
제가 의연합니다.

주님,
이곳에 하나님의 은혜가 가득하고
그 은혜가 저를 감싸고 있습니다.
주님의 영광스러운 빛이
제 온몸을 비춥니다.
소망의 빛이 제 앞길을 비춥니다.

제 안에 담대함이 넘쳐납니다.
제 안에 소망이 넘쳐납니다.
가슴이 뜁니다.
희망이 샘솟습니다.
주님 감사합니다.
주님 사랑합니다.
주님 찬양합니다.

우리의 유일한 소망 되신
예수님의 이름으로
기도드립니다. 아멘.

나의 기도

07 한 해를 바꾸는 기도

주님, 이제
이전 일을 기억하지 않겠습니다.
옛날 일을 생각하지 않겠습니다.
지나간 일로 후회하지 않겠습니다.

이제 주님이 행하실 일들을
믿음으로 바라보겠습니다.
광야에 길을 내시는
주님의 일하심을 바라보겠습니다.
사막에 강을 내시는
주님의 역사하심을 바라보고,
소망 없는 제 삶에
크게 찬양을 외치게 하실
주님을 바라보겠습니다.

전능하신 하나님께서 함께하시니
저는 하나님께서 베푸실
풍성한 삶을 꿈꾸겠습니다.
저를 높은 곳에 세우실
하나님의 손을 기대하겠습니다.
닫힌 문을 열어주실 주님을
의지하고
가장 좋은 선물을 예비해두신
주님을 붙들겠습니다.

이제 모든 상황이 바뀌고
모든 흐름이 바뀔 것입니다.
하나님의 은혜로 모든 것이
새롭게 될 것입니다.

그러기에 주님,
이제 불평하지 않겠습니다.
원망하지 않겠습니다.
마귀가 기뻐하는 말 대신
주님이 기뻐하시는 말을 하고,
이제 믿음의 말, 소망의 말,
살리는 말을 하며 살겠습니다.
은혜를 선포하고
믿음으로 고백하겠습니다.

"하나님께서 함께하시니
할 수 있습니다.
하면 됩니다. 해보겠습니다.
잘될 것입니다.
은혜가 있을 것입니다.
오늘은 최고의 날입니다.
좋은 일이 생길 것입니다.
기적이 일어납니다.

저는 축복받은 사람입니다.
수많은 기회가 저를 기다립니다.
제 안에 소망이 가득합니다.

평안이 흘러넘칩니다.
제 인생에 넘어야 할 산이
하나님 앞에서 평지가 되고,
인생의 모든 쓴물이
단물로 바뀔 것입니다."

하나님,
지금 제가 보는 것은
전부가 아닙니다.
저는 부분밖에 보지 못하지만,
주님은 전체를 보며
제 삶을 인도하시니
지금은 불행한 일 같아 보여도
이 또한 하나님께서 사용하시는
시간인 줄 믿습니다.
제 삶에 우연히 일어나는 일은
없다는 것을 믿습니다.

사람들이 저를 잊어도
하나님은 결코 저를 잊지 않고
버리지도 않으십니다.
세상이 나를 외면한 것 같고
아무리 삶이 힘겨워도
주님은 저를 기억하시고
제 꿈과 기도와 제 수고를
기억해주십니다.

어떤 어려움 속에서도 하나님은
저를 통해 시작하신 일을
완벽하게 이뤄가실 것을 믿습니다.
상황을 보며 불평하는 대신
주님의 사랑과 은혜 안에 머물러
날마다 행복을
선택하며 살겠습니다.

주님,
아무리 상황과 환경이 힘들어도
여전히 소망이 있습니다.
제 소망은 제가 아니라
하나님이시기 때문입니다.
우리를 대신해 십자가를 지고
우리의 모든 죄를 용서하시고,
온 세상을 다스리고 통치하시는
예수 그리스도가 소망이십니다.

소망 되신 주님께
모든 길을 의탁합니다.
그 무엇도, 그 누구도
하나님을 제한할 수 없으니
주님을 의지하며
한 해 길을 걸어가겠습니다.

주신 시간을 소중히 여기며
더 열정적으로 살아가겠습니다.

걱정을 멈추고
고민을 줄이겠습니다.
주님의 말씀을 의지하여
더욱더 도전하며 살겠습니다.

주님,
이 시간 믿음의 입을 넓게 엽니다.
제게 복에 복을 더하여주시고
제 삶의 지경을 넓혀 주시옵소서.
한계를 뛰어넘으며 살게 하옵소서.

사람들의 말보다
내면에서 들려오는
하나님의 음성에
더 귀 기울이겠습니다.
하나님께서 지으신
나로 살아가겠습니다.
불안해하며 주저하지 않겠습니다.

다른 사람들에게 행복을 나누는
축복의 통로가 되겠습니다.
사랑하는 사람들과 다툼을 줄이고,
더 따뜻한 사람이 되겠습니다.
자존심을 내려놓겠습니다.
사랑한다는 고백을 더 많이 하고
고맙다는 말을 더 자주 하겠습니다.
도움을 주고받으며 살겠습니다.

주님, 저희 가정을 축복하사
찬양과 기도와 말씀이 넘치는
믿음의 가정이 되게 하옵소서.
부모님의 건강을 지켜주시고,
자녀들의 앞길을 인도해주옵소서.
저희 가정의 모든 필요를
풍성하게 채워주시옵소서.

서로를 인정하고 격려하는
대화가 가득하며,
솔직한 마음을 나누고
그 마음이 위로받는
가정이 되게 해주시옵소서.

올해는 날마다
주님의 은혜가 가득하고
기적 같은 일들이 일어나며
최고의 한 해가 될 것을 믿습니다.
크신 주님이 제 기도를 들으시고
놀랍게 응답하실 줄 믿습니다.

우리의 삶을 새롭게 하시는 이름,
예수님의 이름으로
기도드립니다. 아멘.

나의 기도

08 하루를 시작하는 기도

사랑하는 주님,
새날을 허락하셔서 감사합니다.
하나님이 얼마나 크고
놀라운 분이신지 기억하고,
위대하신 하나님을 높이며,
제가 얼마나 하나님의 큰 사랑을
받은 자녀인지 가슴 깊이 느끼며
살아가는 하루가 되길 원합니다.

오늘은 좋은 일이 가득하고,
누구를 만나든 좋은 만남이 되며,
하나님께서 예비하신
온갖 축복이 임할 줄 믿습니다.
어디에 있든
하나님의 은혜가 함께하고,
어디를 가든
하나님의 선하심과 인자하심이
항상 저를 따를 것을 믿습니다.
가는 곳마다 저와 함께하시고
하는 일마다 도와주시옵소서.

순간순간 기도할 때마다
주님이 귀 기울여 들으시고
응답해주실 것을 믿습니다.

두려운 순간마다
용기와 담대함을 주시옵소서.
낙심될 때마다
하나님을 믿는 믿음을 주시옵소서.

오늘도 믿음의 눈을 들어
살아계신 하나님을 보며
주님의 크신 사랑에 흠뻑 젖어
살게 해주시옵소서.

좋으신 하나님,
오늘도 주님이 주시는
참된 자유를 마음껏 누리고,
겸손하고 온유한 예수님을 닮아
모든 면에서 점점 더 성장하고
자라가게 해주시옵소서.

오늘도 하나님 주신 평안이
제 마음에 가득합니다.
하나님 주신 사랑이
제게서 넘쳐흐릅니다.
제 입술에 감사와 기쁨의 찬송이
멈추지 않고 가득할 줄 믿습니다.

오늘도 인도하실 주께 감사하며
예수님의 이름으로
기도드립니다. 아멘.

나의 기도

09 낮에 드리는 기도

사랑하는 주님,
하나님의 은혜로
활기차게 하루를 시작하고
하나님의 도우심으로
오전 시간을 잘 보냈습니다.

태양이 이글거리는 한낮,
뜨거운 태양 아래
저를 위해 십자가에 달려
모든 물과 피를 쏟기까지
사랑하신 주님의 사랑을
기억합니다.
저는 주님의 이 큰 사랑을
받은 사람입니다.
이 은혜를 기억하며
오후를 시작합니다.

이제 유혹이 많은 시간입니다.
피곤하고 넘어지기 쉬우니
제 마음을 지켜주시고
시험에 들지 않게 해주시옵소서.

다시 마음의 호흡을 가다듬고
주님을 바라봅니다.

내 영혼이 살아계신
하나님을 앙망합니다.

성령으로 충만하게 하옵소서.
다시 새 힘이 솟아나게 하시고
독수리의 날개를 힘차게 펼치고,
달려가도 지치지 않으며
걸어가도 피곤치 않게
해주시옵소서.

주님, 제가
피곤하다 말하지 않겠습니다.
힘들다고 말하지 않겠습니다.
어렵다고 말하지 않겠습니다.
사람들을 보며
원망하고 불평하지 않겠습니다.

주님,
제 마음이 강하고 담대해지며
믿음으로 생각하고
긍정적으로 말하도록
마음과 입술을 지켜주시옵소서.

"나는 오늘도 자라고 있다.
모든 면에서 성장하고 있다.
점점 더 좋아지고 있다.
반드시 잘된다.

좋은 일이 생긴다.
하나님의 은혜가 함께한다."
믿음의 말과 생각으로
저를 가득 채워주시옵소서.

전능하신 하나님의 손이
저를 붙들고 계심을 기억하고,
지금 창조주 하나님께서
제 머리에 안수하시며
하늘의 지혜를 부어주심을
믿음의 눈으로 바라보겠습니다.

주님은 나의 힘이십니다.
주님은 나의 능력이 되십니다.
하나님의 축복이 함께하고,
제게 승리를 주실 것을 믿습니다.

도울 자를 보내주시고
필요들을 채워주시고
좋은 결정을 내리게 하시고
만나야 할 사람을 만나게 하시는
기적 같은 일들이 일어나는
오후가 될 줄 믿습니다.

주님,
제가 섬겨야 할 사람이 있다면
잘 섬기고,

도와야 할 사람이 있다면
잘 돕고,
베풀어야 할 사람이 있다면
최선을 다해
베풀게 해주시옵소서.

제 말이 누군가에게
하나님의 음성으로 들리게 하시고
제 손길이 누군가에게
하나님의 손길로 닿게 하시고
제 도움이 누군가에게
기도의 응답이 되게 해주시옵소서.

오후에도 풍성한 열매를
맺게 하실 주님을 찬양합니다.
예수님의 이름으로
기도드립니다. 아멘.

나의 기도

10 하루를 마치는 기도

사랑하는 주님,
이제 하루를 마무리하고
잠자리에 들기 전
사랑하는 예수님을 바라봅니다.

오늘도 예수님과 대화하다
잠들고 싶습니다.
잠들기 전 가장 마지막 말이
"예수님"이면 좋겠습니다.

내일 아침 눈을 뜰 때
예수님의 이름을 부르며
눈 뜨고 싶습니다.

좋으신 하나님,
오늘 있었던 실수를 붙들고
늦은 밤까지 후회하거나
내일에 대한 두려움으로 걱정하며
뒤척이는 것이 아니라,
저의 실수까지도 사용하셔서
아버지의 뜻을 이루어가실
주님을 신뢰하며
가볍고 평안한 마음으로
잠자리에 들게 해주시옵소서.

제 삶의 주인은
언제나 하나님이시며,
하나님께서 제 삶을
책임져주심을 믿습니다.

모든 무거운 짐을 주님께 맡기고,
주님의 품에 안겨 깊은 쉼과
안식을 누리기 원합니다.
하늘의 평안이
제 영혼 깊이 임하고
완전한 휴식을
누리게 해주시옵소서.

참 좋으신 하나님,
오늘도 밤새도록 제 귓가에
속삭여 주시옵소서.
"사랑한다, 내 아들(딸)아.
너는 이 세상 무엇보다 소중하고,
특별하고, 존귀하단다."

영광스러운 주님이
온몸과 마음을 다해
나를 기뻐하신다는 사실이
가슴 깊이 느껴지고,
저는 하나님께 선택받은
특별한 존재라는 것이 생생히
믿어지는 밤이 되게 하옵소서.

좋으신 하나님,
인생은 제 능력이나 노력이 아닌
하나님의 은혜로 되는 것입니다.
내일도 하나님의 은혜가 가득한
하루가 되게 해주옵소서.

내일도 좋은 일이 가득한
하루가 되게 하실 줄 믿습니다.
모든 일이 잘 풀리고,
모든 상황이 점점 더
좋아질 줄 믿습니다.
어떤 어려움도 다 지나가고
새날이 될 줄 믿습니다.

내일은 하나님의 능력이 임하고
하나님의 지혜가 부어지는 날이
될 줄 믿습니다.
모든 면에서 성장하고
꿈과 소원이 이뤄지는
기막힌 하루가 될 줄 믿습니다.

좋으신 하나님,
오늘도 귀한 만남의 복을
허락해주셔서 감사합니다.
오늘 만난 모든 사람은
하나님께서 보내주신
사람임을 믿습니다.

이들을 더 사랑하고, 더 아끼고,
더 소중히 여기며 살겠습니다.

오늘 만난 모든 사람이
하나님을 만나고
하나님께서 주시는 축복을
마음껏 누리며 살아가는
은혜를 내려주시옵소서.

참 좋으신 하나님,
오늘도 최고의 하루를
보내게 해주셔서 감사합니다.

저의 하룻길을 인도하신
주님께 감사드리며
예수님의 이름으로
기도드립니다. 아멘.

나의 기도

11 잠자며 드리는 기도

저를 위해 단 한 순간도
멈추지 않고 일하시는
신실하신 하나님을 찬양합니다.

졸지도 주무시지도 않는 주님,
하나님의 손길이 밤새도록
제 온몸을 감싸고
하나님의 따스한 온기가
온몸을 가득 채워주심을 믿습니다.

제 몸은 편안하게 잠이 들고
제 영은 깨어
하나님께 쉬지 않고 기도하고
찬양하는 밤이 되길 원합니다.

자는 동안 제 안에 있는
모든 우울하고 부정적인 생각을
깨끗이 씻어내시고,
믿음의 생각, 긍정적인 생각,
좋은 생각으로
가득 채워주시옵소서.
제 마음을 예수님 생각으로
가득 채워주시옵소서.

제 안에 자리잡은 모든 어둠이
빛 되신 주님 앞에서
깨끗이 사라지게 해주시옵소서.
그리스도를 믿는 믿음과
하나님나라를 향한 소망과
하나님과 이웃을 향한 사랑으로
제 영혼을 가득 채워주시옵소서.

진리 되신 예수님이
십자가의 보혈로 제 모든
더러운 죄악을 덮으셔서
저를 묶은 모든 사슬이 풀어지고
제가 자유케 되었음을 믿습니다.
예수님의 십자가 능력이
저를 모든 질병에서
자유케 하심을 믿고 감사드립니다.
그리스도의 고난이 저를
과거의 모든 상처와 아픔에서
자유케 하심을 찬양합니다.

제 인생을 주님께 맡겨드립니다.
하나님의 지혜와 사랑과 능력으로
제 삶을 다스려주시옵소서.

제 목자가 되신 주님이
저를 푸른 초장과
쉴만한 물가로 인도하시며,

쉼과 안식과 강건함을
누리게 하실 것을 믿습니다.
시냇가에 심긴 나무같이
풍성한 열매 맺으며
살게 하실 줄로 믿습니다.
날마다 마르지 않는 샘처럼
즐거움이 솟아나고
좋은 일이 가득할 줄 믿습니다.

하나님께서 베푸시는
기적의 만나가 매일
제 삶을 풍성히 채우고,
하나님의 인도하심을 따라
젖과 꿀이 흐르는 땅을
밟게 될 줄 믿습니다.

주님이 예비하신
믿음의 사람을 만나고,
믿음의 공동체에서
서로 사랑하고, 서로 돕고,
서로 나누고 섬기며
살게 될 줄로 믿습니다.

사람들이 저를 좋아하고,
함께 있고 싶어 하고,
도와주고 싶어 할 것입니다.
하나님의 은혜와 축복이

매일 제게 부어질 것입니다.
저는 주님이 예비하신
풍성한 삶을 살며,
나누고 베풀고 섬기는
축복의 통로가 될 줄 믿습니다.

"믿는 자에게는
능치 못할 일이 없다" 하신 주님,
아무리 불가능해 보이는 일이라도
제 안에 소원을 넣어주신 주님이
놀랍게 이뤄가실 것을 믿습니다.

"네 입을 넓게 열라,
내가 채우리라" 하신 주님,
제가 더 크고 놀라운 꿈을 꾸며
주님이 채워주신다는 믿음으로
담대히 나아가게 해주시옵소서.

하나님,
아무리 생각해도 저는
주님의 특별한 사랑을 받았습니다.
아무 조건 없이 저를 사랑하시고,
날마다 제 손 꼭 붙잡아주시고,
언제나 저와 동행해주시니
감사합니다.
주님, 사랑합니다.

선하신 주님,
내일도 하나님의 은혜가 가득한
하루 되게 해주시옵소서.
내일도 모든 일이 잘 풀리고,
모든 상황이 점점 더 좋아지며,
좋은 소식이 들려올 것입니다.

내일은 하나님의 능력이 임하고
하나님의 지혜가 부어지는 날이
될 줄 믿습니다.

모든 면에서 성장하는 하루,
꿈이 이뤄지고 소원이 이뤄지는
기막힌 하루가 될 것입니다.
눈부신 하루가 시작될 것입니다.
최고의 날이 될 것입니다.
기적 같은 일들이 일어나는
놀라운 하루가 될 것입니다.

우리를 위해 쉬지 않고 일하시는
예수님의 이름으로
기도드립니다. 아멘.

나의 기도

마음의 평안을 위한 기도

온유하고 겸손하신 예수님,
저의 참된 안식처이신 주님께
저의 무거운 짐을 맡깁니다.
제 모든 짐을 가져가 주시고,
제 마음에 쉼을 주옵소서.
깊은 안식과 참된 평안을 주옵소서.

느긋하고 여유로운 마음,
침착하고 고요한 마음을 주옵소서.
모든 긴장이 풀어지게 해주시고,
내면 깊은 곳에서 솟아나는
진정한 평강을 주시옵소서.

제 마음을 하나님께 맡깁니다.
지친 마음에 쉼을 주옵소서.
불안한 제 마음에 안식을 주시고
고통스러운 마음에 평안을 주소서.
미워하는 마음이 흘러가게 하시고
괴로운 마음이 지나가게 하옵소서.

과거에 대한 후회와
미래에 대한 염려가
깨끗이 씻어지게 하옵소서.

원망하는 마음과 시기, 질투가
사라지게 하옵소서.

불안한 마음도 괴로운 마음도
다 지나가게 되리라 믿습니다.
이제 하나님께서 주시는
평안과 여유가 느껴지게 하옵소서.

하나님은 저를 사랑하십니다.
하나님은 저를 소중히 여기십니다.
하나님은 저를 귀하게 여기십니다.
하나님은 저를 즐거워하십니다.
하나님은 저를 좋아하십니다.
하나님은 저를 기뻐하십니다.

하나님과 함께할 때 제 마음이
쉼을 얻고 평안해집니다.
하나님의 품에 안길 때
제 영혼은 고요합니다.
하나님의 사랑 안에서
제 영혼이 참된 안식을 누립니다.

내 영혼아!
잠잠히 하나님만 바라라!
고요히 하나님을 바라보라!
소망의 하나님을 바라보라!

하나님을 바라보는 이 시간,
제 마음에 소망이 솟아납니다.
제 마음에 사랑이 흘러넘칩니다.
제 마음에 감사가 넘쳐납니다.
제 마음에 기쁨이 가득합니다.

제 마음이 평안으로 가득 찹니다.
제 마음이 상쾌합니다.
제 마음이 행복합니다.
제 마음이 하나님을 찬양합니다.
제 마음이 하나님을 경배합니다.
제 마음이 하나님으로 가득합니다.

하나님,
평안을 주셔서 감사합니다.
제 마음을 고요하게 해주시고
평안하게 해주셔서 감사합니다.
제 마음에 쉼을 주시고
제 영혼이 안식하게 해주셔서
아버지, 감사합니다.

우리의 영원한 안식처이신
예수님의 이름으로
기도드립니다. 아멘.

나의 기도

13 인생을 바꾸는 감사 기도

하나님,
주님이 베푸신 은혜를 기억하며
감사의 기도를 드립니다.
기도하는 모든 이의 심령에
감사의 영을 부어주시옵소서.

하나님,
자격 없는 저를 위해
십자가에 달려 고난받으시고
아무 조건 없이
용서해주시니 감사합니다.
그뿐 아니라 저를
자녀로 삼아주셔서 감사합니다.
이 사실만으로도
평생 감사해도 부족합니다.
주님, 감사합니다.

외로운 인생 여정에
저를 홀로 두지 않으시고
저와 함께해주셔서 감사합니다.
수많은 원수의 공격 앞에서
제 편이 되어 저를 지켜주시고,
저를 대신해 싸워주시니
감사합니다.

상한 마음을 안고
돌아누운 저를 찾아와
위로자가 되어주셔서 감사합니다.
두려움에 주저할 때마다
"두려워 마라, 놀라지 마라" 하시며
일어설 용기를 주셔서 감사합니다.
불안한 제 마음에
하늘의 평강을 주셔서 감사합니다.
고난에도 소망을 주시고
날마다 승리케 하시니 감사합니다.

하나님,
몸을 주셔서 감사합니다.
좋은 생각을 할 수 있는
지혜로운 머리,
아름다운 풍경을 볼 수 있는 눈,
사랑하는 사람의 목소리를
들을 수 있는 귀,
맛있는 음식을 먹을 수 있는
입을 주셔서 감사합니다.

사랑하는 사람을 안아줄 팔과
글 쓰고 그림 그리고 일할 수 있는
손을 주셔서 감사합니다.
보고 싶은 사람을
언제든 찾아갈 수 있는 발,
쉬지 않고 일하는 심장과 폐,

건강한 장기들을 주셔서
감사합니다.
오늘도 호흡할 수 있음에
감사합니다.

귀한 만남을 허락하신
하나님, 감사합니다.
존경하는 부모님과
사랑하는 남편과(아내와)
사랑스러운 자녀를 주시고
함께 우정을 나눌 친구들을
주셔서 감사합니다.

힘든 시간 저와 함께해주고
저를 도와준 고마운 사람들,
친절하고 따뜻한 사람들을
보내주셔서 감사합니다.
무심한 시간,
제가 보고 싶다고 걸려오는
전화 한 통에 감사합니다.
도란도란 옛이야기
나눌 수 있음에 감사합니다.

울창한 숲과 드넓은 바다,
석양과 높고 푸른 가을 하늘,
밤하늘을 밝게 비추는
달과 별을 주셔서 감사합니다.

시원한 바람을 맞으며
좋아하는 노래를 들을 수 있고,
나뭇잎 소리를 들으며
산책할 수 있어서 감사합니다.
신나게 뛰어노는 아이들의
웃음소리에 감사합니다.
일용할 양식을 주시고
머리 둘 곳을 주셔서 감사합니다.

힘들었지만 오히려 하나님을
더 찾게 한 고난에도 감사합니다.
저를 성장하게 한 지난날의
역경을 주신 것도 감사합니다.
젊은 날 나의 창조자를
기억하게 하셔서 감사합니다.
하나님, 감사합니다.

범사에 감사하며 살겠습니다.
모든 이에게 고마운 마음을 품고
고마움을 표현하며 살겠습니다.
하나님, 감사합니다.

고마우신 이름,
예수님의 이름으로
기도드립니다. 아멘.

나의 기도

14 긍정적인 마음을 갖는 기도

전능하신 하나님!
하나님은 광야에 길을 내시고,
사막에도 강을 내십니다.
없는 것을 있는 것처럼 하시며
모든 닫힌 문을 여십니다.

하나님은 부족함이 없고
한계도 제한도 없으시며
모든 한계를 뛰어넘어
역사하시는 분입니다.

하나님,
상황이 아무리 안 좋아 보이고
사람들이 아무리
부정적인 말을 할지라도
이 온 우주의 최종 결정권자는
하나님이십니다.
인생만사도 제 삶도
주님 손에 달려있음을 믿습니다.

사람들이 뭐라 하든
하나님은 제게
"너는 승리자야!
너는 강한 용사야!

너는 내 아들(딸)이야!"라고
말씀하심을 믿습니다.

하나님의 가장 소중한 보물이
바로 저임을 믿습니다.
하나님의 은혜가 저를 두르고,
제가 어디를 가든지
저를 따르심을 믿습니다.

하나님께서 제 편이시고,
저를 눈동자처럼 지켜주시기에
그 누구도 감히 저를
대적할 수 없음을 믿습니다.

하나님,
이제 뒷걸음질 치지 않겠습니다.
움츠러들지 않겠습니다.
주저앉아 불평하지 않겠습니다.
원망하는 삶을 멈추겠습니다.
믿음으로 일어서겠습니다.
믿음으로 전진하겠습니다.
믿음으로 달려가겠습니다.

창조주 하나님께서
제 발걸음을 인도하시고
하나님의 장중에
저를 붙드심을 믿기에,

상황은 절망적이지만
제 안에 희망이 솟아납니다.
하나님께서 모든 장애물을
극복하게 하실 것을 믿습니다.

모든 상황을 바꿔주시고
모든 일을 좋게 하실 것이기에
시간이 걸려도
반드시 좋아질 것입니다.

저를 힘들게 하는 모든 원수보다
하나님이 훨씬 더 크십니다.
크신 하나님께서
제 삶에 묶여 있는
모든 저주의 사슬을
끊어내심을 믿습니다.
크고 놀라우신 하나님께서
지혜와 능력과 사랑으로
저를 다스리고 계심을 믿습니다.

제 안에 잠자는 모든 꿈에
다시 생명력을 불어넣으시고,
열정의 불씨를
되살려 주실 줄로 믿습니다.

하나님께서 저를
더 높이 비상하게 하시고,

더 좋아지게 하실 것을 믿습니다.
모든 것을 회복시켜 주시고
승리하며 살게 하실 줄 믿습니다.

하나님,
저는 우연히 지어지지 않았고,
하나님의 놀라운 계획 가운데
창조되었습니다.
하나님께서 감탄하실 만큼
아름답게 지어진 존재이고,
지극히 크고 높으신 하나님의
사랑받는 자녀입니다.
어떤 상황이 와도
이것은 결코 변함이 없습니다.

나는 하나님의 손으로 지으신
놀라운 걸작품이라는
복음적인 자존감과,
나는 하나님의 자녀라는
자신감을 가지고 살아가겠습니다.

만왕의 왕이신 하나님께서
저의 아빠이시니
낙심과 열등감에
끌려다니지 않겠습니다.
우울감에 젖어
살아가지 않겠습니다.

고개를 들겠습니다.
어깨를 펴겠습니다.
당당하게 걷겠습니다.
항상 기뻐하겠습니다.
모든 일에 감사하겠습니다.

고난의 자리에 있어도,
실패의 자리에 있어도,
사람들이 저를 외면해도
주님은 결코 저를 외면하지 않고
포기하지 않으심을 믿습니다.
하나님께서 제 인생의
꼬인 매듭을 풀어주시고,
새로운 기회의 문을 열어주시며,
꼭 필요한 사람들을
만나게 하실 것을 믿습니다.

제 삶에 불어오는 모든 역풍을
순풍으로 바꿔주실 것을 믿습니다.
은혜의 바람이 제게 불어오고
주님이 예비하신 풍성한 은혜가
오늘 임할 줄 믿습니다.

하나님,
오늘은 은혜의 날입니다.
오늘은 기적의 날입니다.
오늘은 최고의 날입니다.

좋은 일이 생길 것입니다.
모든 상황이 좋아질 것입니다.
모든 일이 잘 풀릴 것입니다.
하나님의 약속이 이뤄지고
반전의 역사가 일어날 줄 믿습니다.
오늘도 기도하고, 믿고,
기대하며 살아가겠습니다.

우리의 희망 되신 이름,
예수님의 이름으로
기도드립니다. 아멘.

나의 기도

15 건강한 삶을 위한 기도

주님,
주께 받은 복을 세어보면
제 삶의 모든 상황, 환경, 사람
모든 것이 감사할 이유입니다.
제게 일어난 모든 일이 감사입니다.

오늘 하루도 적극적으로
감사를 고백하며 살겠습니다.
감사로 제 삶을 채우겠습니다.
저를 구원하시고
저와 동행하시는
주님으로 인해 기뻐하겠습니다.

"연약해도 괜찮아.
부족해도 괜찮아.
나는 네가 참 좋아.
네가 너여서 좋은 거야.
그냥 네가 좋은 거야."

주님이 제게 말씀하시듯
저도 제게 너그럽고
친절하게 말하겠습니다.
하나님의 따뜻한 시선으로
저를 바라보겠습니다.

저를 정죄하지 않겠습니다.
저를 자책하지 않겠습니다.

사랑하는 주님,
숨 쉬는 모든 순간
주님의 크신 사랑 안에 살아가고,
가족, 친구, 이웃을 제 몸처럼
사랑하게 도와주시옵소서.

제 곁의 사람들을 사랑하고,
지금 하는 일을 즐기겠습니다.
내일에 대한
막연한 두려움으로 살지 않고
오늘이 마지막 날인 것처럼
최선을 다해 살아가겠습니다.
시간을 아끼는 지혜를 주옵소서.

주님,
더 좋은 집, 더 좋은 차,
더 좋은 옷, 더 멋진 외모에서
행복을 얻으려 했습니다.
이것들이 저를 행복하게
할 수 없다는 것을 알면서도
내려놓지 못했습니다.

이제는 이런 것에
집착하지 않겠습니다.

지나치게 많은 것을 소유하고
지나치게 많은 일을 하려고
애쓰지 않겠습니다.
하나님 한 분만으로 만족하며
베푸신 모든 것에 감사하겠습니다.

제 삶의 모든 필요를
하나님께서 채워주시니
지나친 욕심을 내려놓고
자족하며 살겠습니다.

주님,
주님이 주신 최고의 선물은
바로 오늘입니다.
과거에 매이지 않고
내일에 묶이지 않으며,
바꿀 수 없는 문제보다
바꿀 수 있는 해결책에
집중하게 해주시옵소서.

제 마음에 거룩한 소원을
품게 하신 하나님,
주님을 기쁘시게 하는 소원을
소중히 여기며
저를 통해 이루어가실
하나님의 일들을 믿음의 눈으로
바라보게 해주시옵소서.

저는 약하고 무능하지만,
제 안에 계신 주님이
크고 전능하시기에
주님이 시작하신 일을
주님의 날까지
주님이 이루실 것을 확신합니다.
저는 할 수 없지만
주님은 하실 수 있습니다.

주님이 허락하신 몸을
건강하고 아름답고 거룩하게,
주님 거하시기에 합당한 몸으로
잘 가꾸게 해주시옵소서.
하나님을 기쁘시게 하고
하나님을 영화롭게 하는 데
제 몸을 사용해주시옵소서.

임산부를 위해 자리를 양보하고,
힘든 이의 무거운 짐을 들어주고,
길에 버려진 쓰레기를 줍고,
길을 묻는 이에게 친절히 알려주고,
이웃과 마주쳤을 때 먼저 웃어주는
이것이야말로 주님이 기뻐하시는
영적 예배인 줄 믿습니다.
아무도 모르게 하는
선한 일이야말로
가장 짜릿한 예배인 줄 믿습니다.

주님이 찾으시는 예배자로
살아가게 해주시옵소서.

주여,
저는 한 치 앞도 알 수 없지만
하나님이 저를 인도하시니
불안해하지 않겠습니다.
두려워하지 않겠습니다.
모든 걸음을 인도하시는
주님을 신뢰하겠습니다.
믿음으로 생각하고,
최선을 상상하고,
긍정적으로 말하겠습니다.

작은 꿈도 소중히 여겨주시고
꿈꾸던 자리로 저를 인도해 가실
주님을 신뢰합니다.
고난의 시간도
꼭 필요하기에 허락하심을 믿고
인내하겠습니다.
주님의 은혜로 결국 모든 것이
잘될 줄 믿습니다.

주님,
소풍을 떠나는
어린아이의 마음으로
주님께서 지으신

아름다운 세상을 바라보며
즐겁게 살아가겠습니다.
덜 화내고 더 웃으며 살겠습니다.
마음의 여유를 가지고 삶을
좀 더 유연하게 바라보겠습니다.
사랑하는 이들과 즐거운 시간을
더 자주 갖겠습니다.

주님,
이 땅을 살아갈 지혜와 용기와
사랑을 베풀어주시옵소서.
오늘도 하나님의 영광을 위하여
지혜로운 선택을 하며 살아가도록
은혜를 베풀어주시옵소서.

제게 가장 좋은 것을 주기 원하시는
예수님의 이름으로
기도드립니다. 아멘.

나의 기도

16 하나님의 자녀가 되는 기도 (영접기도)

하나님,
제 삶에는 만족이 없었습니다.
잘살고 싶었지만
마음대로 되지 않았습니다.
성공하고 싶었지만
늘 실패의 자리에 있었습니다.

제 삶은 제 것이 아니었습니다.
지나간 일을 붙들고 후회하고
오지 않는 일로 불안해했습니다.
사람들의 말과 시선에 흔들렸고
일시적이고 짧은 기쁨을
추구했습니다.

이런 제가 싫었고
저를 이렇게 지으신 하나님이
원망스러웠습니다.

가슴 아픈 일이 많았습니다.
깊은 상실감과 상처로
사람들을 멀리했고
그저 더 많이 가지면 행복하겠지
더 높이 올라가면 자유롭겠지
생각하며 살았습니다.

나름 열심히 살아온 것 같은데
삶이 도둑맞은 것처럼 느껴지고
살아있으나 죽은 것처럼 느껴지고
실패한 것처럼 느껴집니다.
늘 공허하고 외롭습니다.

주님,
그동안 저는 마음과 행동으로
하나님을 무시하며 살았습니다.
하나님의 도움 없이
제 힘만으로도 얼마든지
잘 살 수 있다고 생각했습니다.

제가 모든 것을 다 안다고 여겼고
이만하면 충분히 착하게
살고 있는 줄 알았습니다.
하나님이 필요 없다고 생각했고,
제 삶의 주인이 되어 살아왔습니다.

철저하게 하나님을 거역하며
살아온 저는 죄인입니다.
마땅히 벌 받아야 하는 죄인인데
그런 죄인인 저를 사랑하셔서
저를 살리시려고
하나님의 아들 예수 그리스도를
이 땅에 보내주시니 감사합니다.

예수님만이
유일한 구원의 길이고
변하지 않는 구원의 진리이며
영원하고 유일한 생명이십니다.
예수님만이 저의 죄 문제를
해결해주셨기 때문입니다.

제 죄를 대신해
십자가에서 돌아가시고
저를 의롭게 하시기 위해
부활하신 예수님,
이 시간 저의 죄를 회개합니다.
주님, 저를 용서해주시옵소서.

하나님의 아들이신 예수님이
제 모든 죄를 용서하시고
죄인 된 저를 죄와 사망에서
구원해주시기 위해
십자가에서 돌아가시고
부활하신 것을 제가 믿습니다.

제 노력으로는 결코
구원받을 수 없음을 고백합니다.
저는 구원 받을 자격도 없고,
구원받을 아무 공로도 없기에
오직 예수 공로를 의지합니다.

이제 제 마음의 문을 열고
예수님을 제 삶의 구원자와
주님으로 모셔 들입니다.

예수님,
제 마음에 들어와
구원자와 주님이 되어주시고
저를 받아주시옵소서.
이제 예수님을
저의 구원자와 주님으로
믿고 따르기를 원합니다.

**진실로 진실로 너희에게 이르노니
믿는 자는 영생을 가졌나니**
요 6:47

이제 예수님을 믿음으로
제가 멸망하지 않고
영원하고 풍성한 삶을
얻었음을 믿습니다.
저는 이제 영생을 가졌고
구원받은 자임을 믿습니다.
주님, 감사합니다.

이제 제 영혼을 빼앗을 자가 없고
하나님의 사랑에서 저를
끊을 것이 없음을 믿습니다.

예수님 안에서
제 영혼이 안전합니다.

이제 오늘 밤 이 세상을 떠나도
하나님의 나라에서 영원히
주님과 함께할 것을 믿습니다.

영접하는 자
곧 그 이름을 믿는 자들에게는
하나님의 자녀가 되는
권세를 주셨으니
요 1:12

죄인 된 제가 구원받았다는
사실 하나만으로도
날마다 기뻐하며 살기에 충분한데
저를 자녀 삼아주셔서 감사합니다.

이제 제게 자녀의 권세가
있는 줄 믿습니다.
하나님을 아버지라 부르고
언제든지 아버지 앞에 나아가고
아버지께 무엇이든 구할
권세가 있는 줄 믿습니다.

저를 자녀로 불러주시고
예수님의 이름으로 구하는 것마다

응답을 약속해주시니 놀랍습니다.

제 영혼이 구원받고
범사가 잘되는 복과 건강의 복도
함께 받은 줄 믿습니다.
주님 안에서 제 삶이
완전히 회복되었음을 믿습니다.

주님,
저를 사랑해주셔서 감사합니다.
이제 예수님을 더욱 사랑하고,
예수님의 사랑을
전하며 살겠습니다.
주님, 사랑합니다.

저의 구원자와 주인 되신
예수님의 이름으로
기도드립니다. 아멘.

나의 기도

17 영적 성장을 위한 기도

살아계신 주님,
영적 성숙을 위해 기도합니다.

저는 제 힘과 능력과 지혜로는
결코 구원받을 수 없는
죄인입니다.
전적인 하나님의 은혜로
주님의 십자가 사랑이
저를 살렸습니다.

제 삶의 주인 예수 그리스도께
제 삶을 온전히 의탁하오니
저를 받아주시고
하나님나라 위해 사용해주옵소서.

하나님의 말씀은
제 발의 등이요 제 길의 빛입니다.
오늘도 제 삶에 찾아와 주시고,
제게 말씀하시고,
저를 인도해주옵소서.
오늘 제가 어떤 선택을 하고
무슨 말을 하며 어떻게 살아갈지
성경을 통해 말씀해주시옵소서.

언제나 하나님의 말씀이
제 삶의 기준이 되게 하시고,
그 말씀에 이끌려 살아가는
복된 삶이 되게 해주시옵소서.

제게 하나님의 말씀을
사모하는 마음을 주시옵소서.
날마다 말씀을 읽고, 외우고,
공부하고, 묵상하는 것을 통해
주님을 더 깊이 알아갈 수 있도록
지혜와 계시의 영을 부어주소서.

하나님,
제 삶에 허락하신 모든 것은
다 하나님께서 베푸신 은혜입니다.
제 삶의 이유는 하나님이십니다.
하나님을 더 알고, 더 사랑하고,
더 섬기기 원합니다.

한 영혼이 주님을 만나고,
주님을 알게 되고
사랑하게 되는 일에
제 삶을 드리기 원합니다.

주님,
저의 기도가 더욱 깊어지고
기도 시간이 점점 길어지며

기도 가운데 부어주시는
주님의 놀라운 은혜를
날마다 경험하기 원합니다.
기도 가운데 말씀하시는
하나님의 음성을 들으며
하나님의 인도하심을 받아
살게 해주시옵소서.

날마다 예수님을 더 알아가고,
예수님 안에서 자라가며,
주님과의 인격적인 관계를 통해
날마다 하나님을 믿는 믿음이
더욱 자라나게 해주시옵소서.

주님,
연약한 마음과 과거의 상처,
정서적 어려움을 치료해주소서.
저의 인격이 날마다
예수님을 닮아가길 원합니다.

영적 성장을 소망하는 마음이
제 안에 계속 일어나게 하시고,
믿음의 길을 함께 걸으며 성장할
신앙의 동역자를 만나게 하소서.

믿음의 공동체를 만나는
축복을 주시옵소서.

예배를 사모하게 하시고,
경건의 시간을 통해
날마다 주님과 동행하는
기쁨을 누리게 해주시옵소서.

믿음의 지체들과 함께 나누는
삶의 고백들을 소중히 여기고,
어려운 이웃을 섬기는 일에
즐거운 마음으로
헌신하게 해주시옵소서.
천국 소망을 가지고
다시 오실 주님을 기다리며
끝까지 믿음의 길을
가게 해주시옵소서.

오늘도 주님 안에서 더 성장하고
자라가는 하루가 될 줄 믿습니다.
오늘도 예수님을 더 닮아가고
예수님을 더 높여드리는
하루가 될 줄 믿습니다.
그리스도의 장성한 분량에까지
저를 인도하여주시옵소서.

날마다 저를 자라게 하시는
예수님의 이름으로
기도드립니다. 아멘.

나의 기도

18 믿음의 기도

예수님이 가시는 곳에는
언제나 기적이 일어났습니다.
바다 위, 들판, 산 위, 성전,
모든 것이 죽어 있는 무덤가에서도
주님이 계신 곳에는
언제나 기적이 있었습니다.

주님,
제 삶에 기적이 필요합니다.
하나님의 기적 외에는
제 삶에 소망이 없기에
하나님의 기적을 구합니다.
주님, 이곳에 오시옵소서.

사람들은 저를 향해
무슨 말도 안 되는 소리냐고
무슨 기적이 일어나냐고
이제 다 끝났다고
더 이상 안 된다고 말합니다.

그러나 주님,
제 삶은 사람들의 말이 아니라
하나님의 말씀에 달려있습니다.

예수께서 그들을 보시며 이르시되
사람으로는 할 수 없으나
하나님으로서는
다 하실 수 있느니라
마 19:26

주님이 말씀하시면
물이 포도주가 되고,
없는 것도 있는 것처럼 되고,
죽은 자도 살아납니다.

반전의 역사를 일으키시는 주님,
주님이 끝났다고 하시기 전까지
결코 끝난 것이 아닙니다.

사람의 능력으로는 할 수 없어도
전능하신 하나님은 모든 것을
하실 수 있습니다.

"걱정하지 마라.
내가 너를 도와줄 거야.
내가 너와 함께할 거야.
내가 너를 위해 기적을 일으킬 거야.

모든 질병에서 내가 너를 건질 거야.
모든 꼬인 관계를 내가 풀어줄 거야.
막혀 있는 앞길을 내가 열어줄 거야.

비어 있는 재정을 내가 채워줄 거야.
너를 막아선 모든 장애물은
더 높이 오르게 하는 디딤돌이야.
너는 축복의 통로가 될 거야."

주님, 감사합니다.
주님이 행하실 일들을
믿음의 눈으로 바라봅니다.
주님이 일으키실 기적을
믿음으로 바라봅니다.
고난을 통해 저를 더 높이
세워가실 주님을 바라봅니다.

자비로우신 주님이
제 모든 근심과 걱정을
거두어 가시고
하늘의 평강으로 온몸과 영혼을
가득히 채워주심을 믿습니다.
모든 아픔과 눈물을 씻어주시고
기쁨이 넘치게 하실 것을 믿습니다.

하나님의 은혜가
저를 감싸고 있습니다.
하나님의 사랑이
제 영혼에 가득합니다.
하나님의 능력이
제 안에 충만합니다.

주님, 감사합니다.
제게 말씀해주셔서 감사합니다.
저를 축복해주셔서 감사합니다.
기도에 응답해주셔서 감사합니다.

새 일을 행하실
주님을 높여드립니다.
기적을 일으키신
주님을 찬양합니다.
식은 가슴에 믿음의 불을 지피고
메마른 입술에 기도를 회복시키신
살아계신 주님을 찬양합니다.

주님,
주님이 행하신 모든 기이한 일을
전하며 살겠습니다.
모든 영광을 받아주시옵소서.

나의 기쁨, 나의 노래가 되시며
믿음을 통해 기적을 일으키시는
예수님의 이름으로
기도드립니다. 아멘.

나의 기도

19 예배를 위한 기도

예배를 받으시는 성삼위 하나님,
저희의 예배가
성령 하나님의 영광스러운
임재가 있는 예배,
성자 예수님에게
온전히 집중하는 예배,
성부 하나님만 전심으로
높여드리는 예배 되길 원합니다.

하나님,
예배 가운데 찾아와 주시고,
만나주시고, 영광 받아주시옵소서.

저희의 죄악을
십자가 앞에 내려놓습니다.
주님이 저의 죄를 용서하여
깨끗하게 씻어주시고,
자격 없는 저를 자녀 삼으시고
상속자 삼아주심을 믿습니다.
오늘도 하나님의 은혜를
의지하여 담대히 나아갑니다.

살아계신 성령님,
오셔서 다스려주옵소서.

저희의 예배가
예수 그리스도께 향하고,
예수 그리스도만 높이고
자랑하게 해주시옵소서.
예배의 모든 초점이
사람도, 음악도, 환경도 아닌,
오직 예수 그리스도이길 원합니다.

죄를 회개하고,
십자가 사랑과 부활의 능력으로
한 영혼이 구원받는 은혜가 있는
예배 되게 해주시옵소서.

예배 가운데
깨어지고 상한 것들이 회복되고,
하늘의 평안이 흘러넘치고,
구원의 기쁨과 감사가
흘러넘치게 하여주옵소서.
근심과 걱정은 사라지고
믿음이 더욱 커지며,
강하고 담대한 마음을
얻게 해주시옵소서.

예배 가운데
하나님의 뜻을 발견하고,
하나님나라의 꿈과 비전을
가슴에 품게 하여주시옵소서.

함께 예배하는 자들에게
하나님 알기를 소원하고
하나님 만나기를 소망하는
갈급함을 주시고,
준비된 마음으로
신령과 진정으로
사람이 아니라 오직 하나님만
예배하는 시간이 되게 하옵소서.

찬양팀 가운데 성령의 기름을 부어
영감이 넘치는 찬양으로
하나님을 높여드리게 해주옵소서.
음향팀, 영상팀, 조명팀,
주차, 안내로 섬기는 모든 이가
성령으로 충만하게 하시고,
섬김이 기도 되고,
봉사가 찬양 되고,
헌신의 자리가 예배의 자리
되게 해주시옵소서.

예배를 인도하는 인도자에게
하나님의 마음을 부어주시고,
하나님의 음성에 민감하게 하사
성령의 인도함을 받으며
모든 예배자를 은혜의 보좌 앞으로
인도하게 해주시옵소서.

말씀을 증거하는 목사님을
성령으로 충만하게 하시고
말씀의 권세를 허락해주옵소서.
은혜의 말씀, 진리의 말씀,
소망의 말씀이 선포될 때
듣는 이마다 심령이 뜨거워지고,
내면이 변화되고, 영이 살아나고,
삶이 새로워지게 해주시옵소서.

예배의 모든 순서 가운데
하나님께서 함께해주옵소서.

하나님, 예배를 훼방하는
어둠의 영들을 대적합니다.

죄악에 이끌려 살아가게 하는 영은
예수의 이름으로 떠나갈지어다.
미혹의 영, 분주하게 하는 영,
분열의 영은 사라질지어다.

예배에 집중하지 못하게 하는 영은
예수의 이름으로 떠나갈지어다.
하나님을 기대하지 못하게 하고,
거짓되게 하는 영은 떠나갈지어다.
시기하게 하고, 미워하게 하고,
용서하지 못하게 하는 더러운 영은
예수의 이름으로 떠나갈지어다.

예배를 훼방하는
모든 어둠의 영은
예수의 이름으로 떠나갈지어다.

빛 되신 주님,
주님의 빛으로 저희 영혼을
환하게 비춰주시고,
그 영혼이 온전히
주님의 다스림 안에 거하고
깨어 주께 경배하게 하옵소서.

오늘도
살아계신 하나님께 나아가
예배하게 하시니 감사합니다.
모든 인간적인 것을
주님의 휘장 뒤로 감춰주시고,
오직 크고 놀라우신 하나님만
예배를 통해 영광 받아주시옵소서.

오늘도 한 예배자를 찾으시는
예수님의 이름으로
기도드립니다. 아멘.

나의 기도

교회를 위한 기도

하나님,
이 땅의 교회를 축복합니다.
건물이 교회가 아닙니다.
예수 그리스도를
구주로 고백하고 머리로 한
저희가 교회입니다.

교회의 주인은
오직 하나님이십니다.
우리 주님이 피로 사신
그리스도의 몸 된 교회입니다.
결코 사람이 교회의 주인이
될 수 없습니다.

교회를 흔드는 많은 공격이 있지만
주님이 세우신 주님의 교회는
결코 흔들리지 않을 것입니다.

예수 그리스도의 십자가 은혜로
우리가 용서받고 구원받았다는
이 놀라운 복음이야말로
교회의 가장 소중한 자산이고,
이 복음만이 세상을 바꿀
유일한 대안이라 믿습니다.

우리의 교회가 복음을 살아내고,
복음을 자랑하게 해주시옵소서.
복음을 경험하고
그리스도의 제자를 세우고
하나님나라를 위해 헌신하는
놀라운 복음의 역사가
매일 일어나게 해주시옵소서.

교회가
머리 되신 그리스도께 연결된
유기적인 생명체 되게 하시고,
주님의 말씀에 따라 움직이는
강력한 조직체가 되어
그리스도께서 내리신
사랑의 명령과 전도의 명령에
온전히 순종하게 해주시옵소서.

사랑하는 주님,
그리스도의 복음에 헌신한
신실하고 충성스러운 일꾼들이
세워지게 해주시옵소서.

주님의 교회를
성령 충만함으로 섬기고,
그리스도를 위해 고난받는 것도
기쁨으로 여기는 거룩한 성도가
구름처럼 일어나게 해주시옵소서.

사랑하는 주님,
이 땅의 교회를 축복합니다.

어떤 과거와 배경이 있어도
복음으로 다 용서받고
용납되고 하나 되는 교회.
생각이 다른 사람들이 모였지만
그리스도의 생각으로
하나 되는 교회.

한 지체가 고통받으면
모든 지체가 함께 아파하고
한 지체가 영광을 받으면
모든 지체가 함께 즐거워하는,
함께 울고 함께 기뻐하는 교회.

날마다 하나님의 임재가 있고
하나님의 위로와 회복과
평안이 넘치는 교회.
성도들이 그리스도의 편지 되어
잃어버린 영혼을 살리며
민족을 치유하고
세상을 변화시키는 교회.

세상을 위로하고
세상에 축복과 소망이 되고
소금과 빛이 되는 교회.

이 땅의 교회가 이런 교회 되고
제가 이런 교회 되게 해주시옵소서.

하나님,
교회에 영적인 목회자를
허락해주시옵소서.
하나님의 뜻을 따라
자진하여 섬기고,
더러운 이익을 탐하지 않고,
기쁘게 하나님의 양 떼를 먹이는
건강한 목회자를 주시옵소서.

사람들을 지배하려 하지 않고
본을 보이는 인격적인 리더,
하늘의 면류관을 바라보는
거룩한 리더를 주옵소서.

교회가 목회자를 영적 리더로
존중하고 존경하며
교회다운 교회, 건강한 교회
되게 해주시옵소서.

세상 사람들의 기준에
맞추는 것이 아니라
예수께서 이 땅에 오셔서 하신 일,
천국 복음을 전파하고,
하나님나라를 가르치고,

병든 자를 고치는
그 일을 감당하는 주님의 교회
되게 해주시옵소서.

교회가 거룩하고 순결한 신부로
세상에 빛을 비추게 하시고,
주님이 꿈꾸시는 바로 그 교회가
되게 해주시옵소서.

여전히 주의 교회를 통해
일하시고 영광 받으실
예수님의 이름으로
기도드립니다. 아멘.

나의 기도

21 가정을 위한 기도

가정을 허락해주신 하나님,
감사합니다.
이 가정의 주인은
오직 하나님이십니다.
오직 여호와 하나님만 섬기는
믿음의 가정이 되게 해주시옵소서.
우리 가정을 하나님의 사랑으로
가득 채워주시옵소서.

무엇보다 말씀을 소중히 여기고
하나님의 말씀이 기준 되는
가정이 되게 해주시옵소서.

힘든 일이 있을 때마다
함께 엎드려 기도하고
고마운 일이 있을 때마다
함께 하나님을 찬양하는
가정이 되게 해주시옵소서.

말하는 것과 생각하는 것과
믿는 것과 사는 것이 하나 되는
가정이 되게 해주시옵소서.
가정에서나 일터에서나
교회에서나 세상에서나

한결같은 모습으로 살아가는
진실한 믿음의 가정이
되게 해주시옵소서.

어떤 힘든 순간에도
서로를 위로하고 격려하면서
함께 고난을 이겨 나가고,
좋은 일이 있을 때마다
기쁨을 함께 나누며
서로 감사하는 가정이
되게 해주시옵소서.
서로 이해하고 존중하며,
희생하고 용서하며
천국 가정을 세우게 해주시옵소서.

사랑하는 남편을 주셔서 감사합니다.
영적 권위를 허락해주시고,
가장으로서 책임감을 지니고
가족을 위해 목숨도 내어줄 수 있는
주님의 사랑으로 채워주시옵소서.

(사랑하는 아내를 주셔서 고맙습니다.
날마다 사랑스러움과
말의 지혜를 더해주시고,
남편에게 기쁨으로 순종하며,
자녀를 주의 교훈으로
가르치게 해주시옵소서.)

사랑스러운 자녀를 허락하신
주님, 고맙습니다.
하나님을 사랑하고
경외하는 아이로
자라나게 해주시옵소서.
부모님을 공경하고 사랑하며
자랑스러워하고,
권위를 인정하는
자녀가 되게 해주시옵소서.

자녀에게 건강과 물질의 복,
만남의 축복을 허락해주시옵소서.
날마다 지혜가 자라게 하시고,
선한 영향력을 가지고
사람들에게 축복이 되는
삶을 살게 해주시옵소서.
일평생 형통한 삶을 살아가고
무엇을 하든 주께 영광 돌리는
복된 자녀가 되게 해주시옵소서.

사랑하는 부모님을
보내주신 주님 감사합니다.
존경하는 부모님에게
건강과 장수의 복을 주시옵소서.

부모의 기도가
자녀를 살리는 줄 믿습니다.

부모님의 입술에 자녀를 향한
축복의 기도가 넘치게 해주시고,
자녀의 마음의 소리를
들을 줄 아는 부모 되게 하시고,
자녀의 생각과 의견을 존중하는
성숙한 인격을 갖게 해주시옵소서.

하나님,
여러 모습의 가정이 있습니다.
한부모 가정, 미혼모 가정, 이혼가정,
조손가정, 노인 가정, 형제자매 가정,
장애인 가정, 다문화 가정, 1인 가정,
새터민 가정, 노숙인 가정 등
다양한 모습을 가슴에 품어
함부로 판단하거나 배척하지 않고,
함께 어우러져 살아가는
겸손하고 따뜻한 마음을 주옵소서.

날마다 하나님나라가 임하고
하나님의 은혜와 평강이 넘치는
가정 되게 해주시옵소서.

우리의 가정을
천국 가정으로 세워가시는
예수님의 이름으로
기도드립니다. 아멘.

나의 기도

22 일터를 위한 기도

주님,
부족하고 연약한 저를
주님의 파트너로 불러주시고,
세상을 다스리고 돌보는
사명을 주시니 감사합니다.

하나님은 태초부터 일하시고
그 일을 기뻐하셨습니다.
저도 주님처럼 집중해서 일하고
일의 기쁨을 누리고
열매에 감탄하고 즐거워하며
살아가기를 소망합니다.
제 일을 통해 이웃을 섬기고,
하나님께 영광 돌리게
해주시옵소서.

순간순간 드리는 작은 기도도
귀 기울여 들어주시는 주님,
제가 출근하는 길부터
일터에 들어설 때까지,
일을 하고 사람을 만나는 동안,
순간순간 하나님을 생각하며
기도하는 하루가 되길 원합니다.

저보다 저를 더 잘 아시는 주님이
저를 위해 최선의 계획을 가지고
제 걸음을 인도하고 계시오니
주님만 바라보겠습니다.

결정의 순간에 지혜를 주시고,
실패에 기죽지 않고 다시 일어설
용기와 끈기를 주시옵소서.

일터에서는 제가 소금과 빛이니
무슨 일을 하든 주께 하듯 일하고
하나님을 기쁘시게 하는
일꾼이 되도록 도와주시옵소서.

제가 일하고, 나누고, 이끌고,
따르는 모든 모습에서
예수님의 형상과 사랑이
나타나게 해주시고,
주님을 바라보게 하는
축복의 통로로
쓰임 받게 해주시옵소서.

제가 하는 이 일이
하나님의 일이라는
믿음과 확신을 품고
정직하고 진실하며 탁월하게
일하게 하여주시옵소서.

어떤 일이든 기꺼이 받아들이고,
감사하는 마음으로
친절을 베풀며 일하겠습니다.

함께 일하는 동료들을 사랑하고
그들의 필요를 돌보고,
성장할 수 있도록 돕고,
도움을 주기 원합니다.

이 모든 것을 통해
예수님이 높임 받으시고,
예수님이 전해지길 원합니다.

주님은 쉼이 필요 없는 분인데도
일주일에 하루를 쉬셨습니다.
제가 일을 사랑하되
일이 전부가 되거나
우상이 되지 않고,
일의 기쁨을 맛보며 일하도록
마음의 여유를 주시옵소서.

일을 소중히 여기되
무엇보다 하나님과의 관계를
중요하게 여기고,
가족과 나 자신을 돌보는 것도
소중히 하는 지혜를 주시옵소서.

일하는 목적이
제 이름을 세상에 알리는 게 아니라
하나님의 이름을 높이는 것이
되게 해주옵소서.

주님,
제가 일을 잘하는 것을 넘어
바르게 하기를 원합니다.
먼저 승진하고 높이 올라가야만
행복해하는 것이 아니라
일 자체에서 기쁨과 즐거움을
맛보게 해주시옵소서.

진로를 정해야 하는 청년들에게
많은 돈을 더 빨리 버는 방법을
고민하는 것이 아니라,
주님이 주신 재능과 기회를 가지고
어떻게 하나님의 뜻을 이루고
사람들의 필요를 채워주면서
그들을 섬기고
세상을 아름답게 만들 수 있을까
고민하는 영성을 주시옵소서.

하나님, 우리의 일터가
사람을 소중히 여기고
하는 일에 자부심을 느끼며
일하는 곳 되게 하시고,

어떤 사람이든 존중받고
재능을 마음껏 발휘할 수 있는
축복의 통로가 되게 해주시옵소서.

일터에서 관계의 어려움을 겪는
사람들의 마음을 위로해주시고,
어떠한 상황에서도 선으로
악을 이기는 지혜를 주시옵소서.

우리의 일터를 축복해주셔서
어디에 있든지 무엇을 하든지,
하는 일마다 하나님께서 베푸신
풍성한 열매를 맺게 하옵소서.

"너의 행사를 여호와께 맡기라
그리하면 네가 경영하는 것이
이루어지리라"(잠 16:3)
말씀하신 주님.

우리의 모든 일을
하나님의 손에 올려 드립니다.
하나님께서 이루어주시옵소서.

저를 주님의 일꾼으로 불러주신
예수님의 이름으로
기도드립니다. 아멘.

나의 기도

나라와 민족을 위한 기도

크고 놀라우신 하나님,
이 나라 이 민족을 사랑하셔서
오래 참고 자비를 베풀어주시며
긍휼히 여겨주시니 감사합니다.

복음의 불모지였던 이 땅에
선교사들을 보내주시고,
복음을 위해 피 흘리고
이름 없이 빛도 없이 희생한
수많은 믿음의 선배들을 통해
전국 방방곡곡에 주님의 교회를
세워주시니 감사합니다.

나라가 어려울 때마다
새벽을 깨우며 기도했던
믿음의 선조들을 기억합니다.
그 눈물과 부르짖음을 기억하며
이 나라와 민족을 위해
기도하는 하나님의 백성이
다시 구름떼처럼 일어나고,
이 나라 이 민족을 향한
하나님의 꿈이 저들을 통해
속히 이뤄지게 해주시옵소서.

교회의 주인은
오직 하나님이십니다.
사람이 주인 되지 않게 하소서.
교회가 세상을 위해
기꺼이 희생하고 양보하고
손해 볼 줄 알며,
세상의 근심이 아니라
세상의 희망이 되게 해주시옵소서.

그리하여
"나는 예수님을 믿는 사람이야"
이 한마디가 그 어떤 말보다
신뢰의 보증이 되는 시대가
속히 오게 해주시옵소서.

청년들이 다시 교회로 돌아오고
말씀으로 훈련된 청년들을 통해
세계 선교의 놀라운 역사가
이뤄지게 해주시옵소서.
영적 지도자들에게 성도를 향한
애틋한 마음을 주시고,
하나님의 부르심을 기억하며
거룩하고 순결하게 살아가도록
은혜를 베풀어주시옵소서.

하나님, 이 땅에 가득한
분열의 영을 몰아내 주시옵소서.

가난한 자와 부한 자가 하나 되고
동과 서, 남과 북, 진보와 보수,
노인과 젊은이가 서로 존중하며
이 나라를 거룩하고 정의로운 나라,
강하고 자비로운 나라로 세우는 데
한마음 한뜻이 되게 해주시옵소서.

한반도의 정세가 어렵습니다.
이 민족이 고난의 시간을 통하여
다시 주님 앞에 서게 하시고,
하나님을 경외하고 사랑하며
하나님을 신뢰하는 민족으로
거듭나게 해주시옵소서.

거룩을 회복하고
하나님을 믿는 믿음을 회복하고
하나님께 신뢰받는 민족으로
거듭나게 해주시옵소서.

주님, 북녘땅을 위해 기도합니다.
고통 가운데 신음하는
저들의 눈물을 닦아주시고,
오랜 세월 기도했던 저 북녘땅에
성령의 바람이
불어오게 해주옵소서.
평화의 바람, 자유의 바람이
불어오게 해주옵소서.

저 땅을 묶고 있는 어둠의 영이
모두 떠나가게 하시고,
모든 우상이 무너지게 하시고,
오직 예수님을 구주로 고백하고,
갈라선 남과 북이 예수 이름으로
하나 되어 하나님을 예배하는
그날이 속히 오게 하여주시옵소서.

살아계신 하나님,
대통령과 정치지도자들에게
비둘기 같은 순결한 마음과
뱀 같은 지혜를 주시옵소서.
각 분야의 전문가들에게
사람을 존중하는 마음과
깊이 사고하는 능력을 주옵소서.

다음세대를 키우는 교사들에게
아이들을 사랑하는 마음과
아이들의 재능을 발견하는
통찰력을 주시옵소서.

가정마다
예수님의 주인 되심을 고백하며
서로 사랑하게 하시고,
교회마다 회개의 불길,
예배의 불길, 섬김의 불길이
다시 힘차게 타오르게 하옵소서.

사회를 파괴하는 모든 종류의
음란과 쾌락과 폭력이
깨끗이 사라지게 해주시옵소서.

그리하여 이 나라 이 민족이
다시 한번 놀라운 부흥을
경험하게 하여주시옵소서.

성령의 기름 부으심을 통하여
자녀들이 예언하며,
청년들은 환상을 보고,
어른들이 꿈을 꾸는 민족이
되게 해주시옵소서.

우리 민족을 선택하시고
긍휼을 베푸신
예수님의 이름으로
 기도드립니다. 아멘.

나의 기도

24 배우자를 구하는 기도

아담을 지으시고
그를 위해 하와를 지으신 주님,
저를 지으실 때
저에게 가장 잘 맞는 배우자도
함께 지으신 줄 믿습니다.

사랑하는 배우자를 만나기 전에
제가 저 자신을 잘 앎으로써
배우자에게 안정감을 주는
사람이 되게 해주시옵소서.

사랑하는 배우자를 만나기 전에
제 내면의 문제들을
해결하게 해주시옵소서.
우울한 마음, 열등감, 죄책감,
중독에서 자유케 해주시고
늘 화가 나 있는 마음을
고쳐주시옵소서.

부모님을 떠나 홀로 설 수 있고
부모 도움 없이 삶을 세워나가는
성숙한 사람이 되게 하옵소서.
완벽주의, 비교의식을 내려놓고
나는 주님께 사랑받는 자녀라는

복음적 자존감을 가지고
나를 소중히 여기며 살아가도록
은혜를 내려주옵소서.

가치관과 비전이 비슷하며,
서로 다른 점을 알고 존중하는
인격적인 사람을 만나게 하시고
하나님께서 허락하신 사람을
찾을 수 있는 안목을 주옵소서.

하나님께서 그 사람을
준비시키고 계심을 믿고
마음의 여유를 가지고
기도하며 기다리겠습니다.
조급해하지 않고
성급하게 선택하지 않겠습니다.

마음에 드는 사람을 만났을 때
하나님께서 허락하신 사람인지
분별하고 확인하도록 도우시고,
확신이 섰을 때는 지혜롭게
고백할 용기를 주시옵소서.

서로에게 유익한 만남이 되고,
이 만남을 통해 하나님과
더 가까워지길 원합니다.

만남 가운데 하나님을
고백하는 것이 자연스럽고,
함께 기도하고 찬양하고
예배하고 섬기는 것이 즐거운
만남이 되게 해주시옵소서.

주님,
교제 중인 형제자매들이
지혜롭고 인격적인 만남으로
서로를 잘 알아가게 해주시며,
성적 유혹을 잘 이겨내고
마음을 나누는 소통의 시간을
잘 보낼 수 있게 도와주시옵소서.

하나님이 세우시는 거룩하고
아름다운 믿음의 가정,
하나님의 주인 되심을 인정하며
하나님을 경외하는 복된 가정,
함께 하나님을 높이며 예배하는
가정을 사모하게 해주시옵소서.

주님,
말로 관계를 깨뜨리지 않도록
입술을 주장해주시옵소서.
진실한 마음으로 교제하며,
갈등을 다툼으로 키우지 않고
잘 해결할 방법을 배우게 하소서.

상대방에게 자신을
솔직하게 보여줄 용기와
서로 있는 모습 그대로 인정하고
용납하는 넓은 마음을 주옵소서.
부족함과 실수를 덮고 용서하는
예수님의 마음을 주시옵소서.

하나님의 때가 되었을 때
사랑하는 사람들의 축복 가운데
하나님의 기쁨이 되는 가정을
세워나가는 은혜를 주시옵소서.
서로 이해하고 존중하고
희생하고 용서하면서
천국 같은 가정을 세워나가는
은혜를 내려주시옵소서.

준비된 만남을 통해
아름다운 가정을 세워가실
주님을 찬양합니다.

우리의 만남을 계획하신
예수님의 이름으로
기도드립니다. 아멘.

나의 기도

25-1 부부를 위한 남편의 기도

이러므로 남자가 부모를 떠나
그의 아내와 합하여
둘이 한 몸을 이룰지로다
창 2:24

그런즉 이제 둘이 아니요 한 몸이니
그러므로 하나님이
짝지어 주신 것을
사람이 나누지 못할지니라
마 19:6

하나님,
저희 부부가 만나기 전부터
저희의 만남을 계획하시고
부부를 한 몸 되게 하신 분이
하나님이심을 고백합니다.

저희 부부가 함께 손잡고
하나님과 많은 사람 앞에 서서
서로를 향해 사랑을 고백했던
그날을 기억합니다.
결혼식을 올리던 그날의 초심으로
이 시간 기도합니다.

남편들아 아내 사랑하기를
그리스도께서 교회를 사랑하시고
그 교회를 위하여
자신을 주심같이 하라
엡 5:25

그리스도께서 교회를 사랑하셔서
자신을 내어주심같이
아내를 사랑하라 하셨는데
제가 아내에게 귀 기울이지 못하고
마음을 괴롭게 한 것을 회개합니다.

하나님, 제가 아내를
잘 모르고 살아왔습니다.
그녀를 이해하지 않은 채
제 입장에서만 보고 판단하고
배려 없이 말한 것을 회개합니다.

이제 아내의 이야기에
귀 기울이겠습니다.
판단하는 마음을 내려놓고,
시시하다는 생각을 버리고,
이해하려는 마음으로 듣겠습니다.

아내가 살아온 삶의 시간에
관심을 가지고 물어보겠습니다.
귀 기울여 듣겠습니다.

제 아내의 슬픔이
제게 느껴지게 해주시옵소서.

아내에게 사랑한다고
말하지 못한 것을 회개합니다.
다 알겠지 생각하고
말하지 못했습니다.
이제 용기 내어 사랑한다고
자주 말해주겠습니다.

하나님께서 허락하신 아내를
돌보지 못했음을 회개합니다.
깨지기 쉬운 그릇 같은 아내를
더 귀하게 여기겠습니다.
더 따뜻하게 보살피겠습니다.
더 자주 안아주겠습니다.

평생 자녀들을 키우고
가정을 돌보느라 수고한 아내에게
수고했다 말 한마디 못 했습니다.
이제부터 고맙다 느낄 때마다
고맙다고 고백하겠습니다.

아내의 생일을 기억하겠습니다.
결혼기념일을 준비하겠습니다.
아내가 더 아름다운 여인으로
살아갈 수 있도록

저를 만나 행복하다고
말할 수 있도록 노력하겠습니다.

저의 주관적인 판단으로
아내를 바꾸려 한 것을 회개합니다.
나는 옳고 저 사람은 틀렸다는
잘못된 생각을 내려놓겠습니다.
연약함을 지적하지 않겠습니다.
허물을 들추어내지 않겠습니다.
부족한 모습을 볼 때마다
제가 더 섬기고 기도하겠습니다.

갈등이 있을 때
함부로 말을 쏟은 죄를 회개합니다.
대화를 회피했던 것,
과거의 일을 다 끌어들인 것,
배우자의 인격을 공격하고
집안을 건드린 것을 회개합니다.

주님,
저희 부부가 성경적으로 갈등을
해결할 수 있게 지혜를 주옵소서.
잠자리에 들기 전에 갈등을 풀고,
저의 자존심을 내려놓겠습니다.
감정을 표현하되,
감정적으로 말하지 않겠습니다.

하나님,
저의 무분별한
스마트폰 사용과 TV 시청으로
저희 부부 사이의 관계를
단절시켰음을 회개합니다.
이제 절제하겠습니다.
스마트폰을 내려놓고
대화하는 데 힘쓰겠습니다.

저희 부부가 함께 주님 앞에
기도하지 못했음을 회개합니다.
배우자를 위해 기도하겠습니다.
기도 가운데 하나 됨의
축복을 누리겠습니다.

주님,
저희 부부와 이 가정을
축복해주시옵소서.
저희의 삶을 보며 자녀들이
"엄마 아빠처럼 살고 싶어요"라고
말하게 되길 소망합니다.

저희 부부를 하나 되게 하시고
부부의 하나 됨을 이루어가시는
예수님의 이름으로
기도드립니다. 아멘.

 25-2 부부를 위한 아내의 기도

이러므로 남자가 부모를 떠나
그의 아내와 합하여
둘이 한 몸을 이룰지로다
창 2:24

그런즉 이제 둘이 아니요 한 몸이니
그러므로 하나님이
짝지어 주신 것을
사람이 나누지 못할지니라
마 19:6

하나님,
저희 부부가 만나기 전부터
저희의 만남을 계획하시고
부부를 한 몸 되게 하신 분이
하나님이심을 고백합니다.

저희 부부가 함께 손잡고
하나님과 많은 사람 앞에 서서
서로를 향해 사랑을 고백했던
그날을 기억합니다.
결혼식을 올리던 그날의 초심으로
이 시간 기도합니다.

아내들이여 자기 남편에게
복종하기를 주께 하듯 하라
이는 남편이 아내의 머리 됨이
그리스도께서 교회의
머리 됨과 같음이니
그가 바로 몸의 구주시니라
그러므로 교회가
그리스도에게 하듯
아내들도 범사에
자기 남편에게 복종할지니라

엡 5:22-24

제가 남편의 권위를 인정하지 않고
말을 무시한 것을 회개합니다.

하나님, 제가 남편을
잘 모르고 살아왔습니다.
그를 이해하지 않은 채
제 입장에서만 보고 판단하고
배려 없이 말한 것을 회개합니다.

남편이 살아온 삶의 시간에
관심을 가지고 물어보겠습니다.
귀 기울여 듣겠습니다.
제 남편의 아픔이
제게 느껴지게 해주시옵소서.

이제 남편에게
잔소리하지 않겠습니다.
자녀 앞에서
남편을 험담하지 않으며
신뢰하고 존경하겠습니다.
격려하고 칭찬하겠습니다.
남편의 기를 살려주겠습니다.
남편의 지지자가 되겠습니다.
남편을 돕는 배필이 되겠습니다.

제가 남편과의 성생활을
소중하게 생각하지 못했습니다.
주님이 주신 소중한 성을 통해
깊은 애정을 나누겠습니다.
남편과 거룩하고 행복한
성생활을 위해 노력하겠습니다.

남편의 생일을 기억하겠습니다.
결혼기념일을 준비하겠습니다.
남편이 멋진 남성으로 살아가고
저를 만나 행복하다고
말할 수 있도록 노력하겠습니다.

저의 주관적인 판단으로
남편을 바꾸려 한 것을 회개합니다.
나는 옳고 저 사람은 틀렸다는
잘못된 생각을 내려놓겠습니다.

연약함을 지적하지 않겠습니다.
허물을 들추어내지 않겠습니다.
부족한 모습을 볼 때마다
제가 더 섬기고 기도하겠습니다.

갈등이 있을 때
함부로 말을 쏟은 죄를 회개합니다.
대화를 회피했던 것,
과거의 일을 다 끌어들인 것,
배우자의 인격을 공격하고
집안을 건드린 것을 회개합니다.

주님,
저희 부부가 성경적으로 갈등을
해결할 수 있게 지혜를 주옵소서.
잠자리에 들기 전에 갈등을 풀고,
저의 자존심을 내려놓겠습니다.
감정을 표현하되,
감정적으로 말하지 않겠습니다.

저의 무분별한
스마트폰 사용과 TV 시청으로
저희 부부 사이의 관계를
단절시켰음을 회개합니다.
이제 절제하겠습니다.
스마트폰을 내려놓고
대화하는 데 힘쓰겠습니다.

저희 부부가 함께 주님 앞에
기도하지 못했음을 회개합니다.
배우자를 위해 기도하겠습니다.
기도 가운데 하나 됨의
축복을 누리겠습니다.

주님,
저희 부부와 이 가정을
축복해주시옵소서.
저희의 삶을 보며 자녀들이
"엄마 아빠처럼 살고 싶어요"라고
말하게 되길 소망합니다.

저희 부부를 하나 되게 하시고
부부의 하나 됨을 이루어가시는
예수님의 이름으로
기도드립니다. 아멘.

나의 기도

26 자녀를 위한 축복기도 1

사랑이 많으신 하나님 아버지!
사랑하는 자녀를 위해 기도합니다.
평생 하나님을 뜨겁게 사랑하고,
하나님께서 기뻐하시는 삶을 살아
하나님께 영광을 돌리는
존귀한 자녀가 되도록
축복하옵소서.

하나님은 살아계시며
하나님께서 나를 사랑하신다는
분명한 믿음으로 살게 하시고,
능력의 하나님께서
나를 도우신다는 믿음으로
자신감과 소망을 가지고
살아가게 해주시옵소서.

진정한 도움과 위로와 만족은
오직 예수님에게만 있음을 알고
하나님만 의지하며 살아가는
믿음의 복을 주시옵소서.

사랑이 많으신 하나님 아버지!
사랑하는 자녀가
기도와 묵상의 기쁨을 알고,

말씀을 가까이함으로
선과 악을 분별하고
아버지의 뜻을 분별하는
지혜를 얻게 하옵소서.

무슨 일을 하든지
겸손한 마음으로 기도하며,
정직한 마음과 성실한 삶으로
하나님께 인정받고
사람들에게 존경과 사랑을 받는
복된 삶을 살게 해주시옵소서.

믿는 자에게는 능치 못할 것이
없다고 하신 주님!
사랑하는 자녀가
용기와 담대함으로 도전하고,
굳은 의지와 신념으로
품은 뜻을 포기하지 않으며,
믿음으로 꿈을 이루는
비전의 사람이
되게 해주시옵소서.

다른 사람을 쫓아다니는
삼류인생이 아니라
자신의 것으로 승부하는
일류인생이 되게 하시고,

다른 사람과 비교하고
자신에게 없는 것 때문에
원망하고 불평하는 것이 아니라
자신을 향한 하나님의 사랑과
계획과 인도하심을 믿으며,
아버지께서 베풀어주신 것에
늘 감사하며 살아가게 하옵소서.

염려하거나 불안해하지 않으며
세상을 밝게 살아갈 수 있도록
의연하고 여유로운 마음을 주시고
주님이 주시는 평안으로
그 마음을 가득 채워주시옵소서.

하나님 앞에서나 사람 앞에서나
교만하지 않고 겸손하며,
사람을 소중히 여기고 존중하는
인격을 갖게 하시고,
사람을 만날 때 여유를 가지고
온유하고 너그럽게 대함으로
사람들에게 위로와 소망을 주는
자녀 되게 해주시옵소서.

사랑하는 자녀에게
만남의 축복을 주시옵소서.
좋은 영적 아비와 영적 자녀,
좋은 스승과 선배,

좋은 후배와 제자,
좋은 친구와 동역자를
만나는 복을 주시고,
자신 또한 그런 복된 사람이
되게 해주시옵소서.

믿음 안에서 잘 맞는 배필을 만나
행복한 가정을 세우게 하시고,
건강하고 아름다운 믿음의 자녀를
얻도록 허락해주시옵소서.

몸과 마음과 영혼이 건강하여
주님과 가정과 이웃과 자신을
사랑하며 기쁨으로 살아가고,
그를 통해 가정과 교회,
나라와 민족이 복 받게 하옵소서.

저들의 모든 필요를 채워주시고,
한평생 죄에서 멀어지게 하시며,
그 삶의 마지막까지
깨끗하고 아름답게 쓰임 받는
복되고 존귀한 인생이
되게 해주시옵소서.

우리 자녀의 부모가 되시는
예수님의 이름으로
기도드립니다. 아멘.

나의 기도

27 자녀를 위한 축복기도 2

사랑하는 주님,
저희 가정에 보내주신
보물과도 같은 이 아이들을
맡기신 사명으로 알고
두려운 마음으로 키우겠습니다.

하나님께 자녀들을 의탁합니다.
우리 자녀가 하나님을 아는 자가
되길 원합니다.
하나님을 가장 사랑하고 경외하며,
"나의 하나님"으로 고백하는
믿음의 자녀 되게 해주시옵소서.

매일 경건 시간을 통해
하나님과 동행하며 살아가고,
예배에 인생을 거는 사람,
어디에 있든 누구를 만나든
그리스도의 복음을 전하는
사람이 되게 해주시옵소서.

건강을 잘 관리하게 해주시옵소서.
잘 먹고 자고 규칙적으로 운동하는
좋은 습관을 어릴 적부터 익히고,
바른 자세를 가지며,

몸을 쓸 때와 쉴 때를 분별하고
튼튼한 체력을 갖게 해주시옵소서.

자녀들에게
마음에서 들려오는 소리를
들을 귀를 열어주시옵소서.
자신을 소중히 여기고
따뜻하게 대할 줄 알게 하옵소서.

하나님께서 자신 안에 넣어주신
가능성과 잠재력을 믿고,
그것을 발견하고 계발해서
풍성히 열매 맺으며 살게 하옵소서.

다른 사람들을 존중하고,
그들의 마음을 이해할 줄 아는
이해심을 주시옵소서.
작은 일에 쉽게 낙심하지 않고
주어진 삶에 게으르지 않으며,
사람들 앞에서 교만하지 않고,
사람들을 부정적으로
비판하지 않게 해주시옵소서.

약속은 끝까지 지키고,
말과 행동이 일치하는 삶을
살게 해주시옵소서.

감정을 건강하게 표현하고
자기 생각을 분명하고 따뜻하게
말할 지혜와 용기를 주옵소서.
자신의 잘못을 알았을 때는
진정으로 사과할 줄 알고,
함께 기뻐하고 감사할 줄 아는 자
되게 해주시옵소서.

책을 가까이하는
깊은 지성의 사람이 되게 하시며,
누구를 만나도 배울 줄 아는
겸손한 마음을 주시고,
성장하는 기쁨을 알게 하옵소서.

어디서나 적극적으로 행동하고
분명한 목표를 가지고 행하며
꿈을 크게 꾸게 하옵소서.
중요한 것을 아는 분별력과
소중한 것을 먼저 하는
실행력을 주옵소서.

사랑하는 주님,
자녀들이 사람을 의지하지 않고
하나님 앞에서 홀로서되
사람들과 더불어 살아갈 줄 아는
사람 냄새나는 자가
되게 해주시옵소서.

자기주장만 앞세우지 않고
사람들의 말을 경청하며
자기 생각을 잘 이해시킬 수 있는
설득력 있는 사람 되게 해주옵소서.

자신과 다른 사람을 만났을 때
판단하고 비난하는 것이 아니라
그들의 장점을 잘 살려줄 줄 아는
넉넉한 사람이 되게 해주시옵소서.

어떤 사람과도 마음의 대화를
나눌 수 있는 여유로운 사람,
성실하게 실력과 역량을 키우며,
탓하고 불평하고 변명하지 않고
늘 맡은 일에 최선을 다하는
사람이 되게 해주시옵소서.

자녀들이 건강한 가정을
이루게 해주시옵소서.
가정을 소중히 여기고
서로를 세워주는 사람,
책임감 있게 말하고 행동하며
가정을 위해 희생할 줄 아는
사람이 되게 해주시옵소서.
그들이 좋은 부모로 성장하도록
은혜를 베풀어주시옵소서.

그들이 어디에 있든지
신뢰받는 리더가 되게 하옵소서.
본을 보임으로 감동을 주고
함께 방향을 정할 줄 알며
조직력을 가지고
효과적으로 일하고
동역자들을 격려하게 하옵소서.

함께하는 이들의 잠재력을
발견하는 안목을 주시고,
그들이 재능을 발휘하도록 돕고
자신보다 뛰어난 사람과 함께
일하는 것을 자랑스럽게 여기는
마음 넓은 리더가 되게 하옵소서.

주님이 주신 거룩한 꿈을 꾸고,
그 꿈을 전염시키는 영향력 있는
사람이 되게 해주시옵소서.

말과 행동하기 전에 기도하고,
말씀과 기도보다 앞서지 않으며,
무엇을 하든 주께 영광 돌리는
믿음의 자녀 되게 해주시옵소서.

우리 자녀들의 부모가 되시는
예수님의 이름으로
기도드립니다. 아멘.

나의 기도

28 수험생을 위한 기도

하나님,
수험생들을 위해 기도합니다.

시험을 준비하는 시간이
참 고되고 외롭습니다.
누구도 대신해 줄 수 없기에
더욱더 힘이 듭니다.
포기하고 싶은 순간도 있지만,
그때마다 주님이 그 마음을
새롭게 해주시옵소서.

잘해야 한다는 압박감
사람들을 의식하는 마음
비교하는 마음
질투하는 마음
혼란스러운 마음
집중을 가로막는 모든 마음을
내려놓게 해주시옵소서.

느긋한 마음
가벼운 마음
의연한 마음
대범한 마음을 주시옵소서.

잘할 수 있을까
안되면 어쩌지
실수하면 어쩌나,
끊임없이 반복되는
부정적인 생각을 끊어주시고,

나와 함께하시는 하나님,
나를 도우시는 하나님,
내게 은혜 베푸시고 능력 주시는
신실하신 하나님을
바라보게 하여주시옵소서.

나는 혼자가 아니라
하나님께서 함께하신다는
사실이 믿어지게 하시고,
든든한 마음으로 공부할 수 있게
도와주시옵소서.

왜 공부해야 하는지
왜 시험을 치러야 하는지
분명한 이유를 알게 하시고,
누군가의 동기 부여가 아니라
공부에 대한 열정이 내면에서부터
솟아나게 해주시옵소서.

오늘도 하나님을 의지하며
공부하겠습니다.

좋은 컨디션을 허락해주시고
이번 시험에서 좋은 결과를
얻게 하여주시옵소서.

시험을 앞두고 마음을 힘들게 하는
분주한 상황이 있어도
연연하지 않게 도와주옵소서.
상황에 마음이 흔들리지 않고
공부에 집중할 수 있도록
도와주시옵소서.
공부하는 것이 다 이해되고
머리가 맑아지게 하시며,
시간 가는 줄 모르고
공부할 즐거움을 주시옵소서.

시험 당일, 건강한 가운데
최상의 컨디션을 허락하시고,
모든 긴장이 사라지고
편안하고 느긋한 가운데
집중하고 몰입해
시험을 치를 수 있도록
도와주시옵소서.

문제를 읽을 때
질문을 제대로 이해하고
공부했던 것들이 기억나며
그 지식이 서로 연결되게 하시고,

정답을 선택할 때 분별력과
판단력을 주시옵소서.

주님,
모든 염려를 기도로 바꿉니다.
두렵고 불안하고 초조한 마음을
하나님의 평강으로 채워주시고
당황하거나 실수하지 않도록
침착하고 차분한 마음을 주시며
주어진 시간을 효과적으로
사용하게 도와주시옵소서.

능력의 주님이 함께하시고,
능력 부어주심을 믿습니다.
할 수 있다는 담대한 마음이
마음 깊은 곳에서부터
솟아나게 하여주시옵소서.

모든 것이 합력하여
선을 이루게 하시는
하나님을 신뢰합니다.
시험을 통해 하나님을 향한
믿음이 자라나게 하시고,
혹 기대했던 결과가 아닐지라도
낙심하지 않게 하시고,
우리를 향한
하나님의 놀라운 계획은

시험 결과와 상관없이
완벽하게 이루어질 것을 믿는
믿음을 주시옵소서.

하나님은 언제나 우리의 삶을
가장 좋은 길로 인도하는
분이심을 고백합니다.

우리의 수고가 헛되지 않고
백 배의 열매를 맺는 은혜를
내려주시옵소서.
그러나 시험이 우상이 되지 않고,
더욱더 하나님을 경외하는
믿음의 사람이 되게 해주옵소서.

참된 지혜가 되시는
예수님의 이름으로
 기도드립니다. 아멘.

나의 기도

29. 인생이 바뀌는 7가지 기도

창조주 하나님,
하나님의 최고의 걸작품이
바로 저임을 믿습니다.
제 모습이 어떠하든
제 가치는 결코 변치 않으니
무엇을 하든
당당하게 살아가겠습니다.

좋으신 하나님,
하나님께서 저를 아무 조건 없이
사랑하심을 믿습니다.
저도 저를 아무런 조건 없이
사랑하며 살아가겠습니다.

예수님이 제 모든 죄를 용서하셔서
모든 과거가 깨끗하게
지워졌음을 믿고
이제 새 마음으로
다시 시작하겠습니다.

아버지 하나님,
저는 하나님의 사랑 받는
자녀임을 믿습니다.
자녀의 권세를 주셔서 감사합니다.

이제 매일매일 좋은 일이
가득할 것을 믿습니다.

저는 혼자가 아닙니다.
예수님이 제 안에 계십니다.
제 안에 계신 주님은
저를 좋게 하시는 분입니다.

하나님은 나의 왕,
나의 주인이십니다.
이제 저의 삶은
하나님께서 책임져 주시기에
무엇을 하든
잘되게 하실 것을 믿습니다.

하나님,
제게 특별한 은혜를 베풀어주셔서
감사합니다.
언제나 하나님의 은혜가
제 삶에 가득합니다.
저를 축복의 통로로 사용해주셔서
감사합니다.

우리의 삶을 바꿔가시는
예수님의 이름으로
기도드립니다. 아멘.

나의 기도

30 은혜를 구하는 기도

아버지,
제게 아버지의 은혜가 필요합니다.
다른 어떤 것을 구하지 않습니다.
오직 한 가지
하나님의 은혜를 구합니다.

오늘이 하나님의 은혜가
임하는 날인 줄 믿습니다.
아버지, 은혜를 내려주옵소서.

제게 은혜를 베풀어주옵소서.
가정에 은혜를 부어주옵소서.
사랑하는 남편(아내)에게
은혜를 주옵소서.

사랑하는 부모님에게
은혜가 충만하게 해주옵소서.
사랑하는 자녀들에게
크신 은혜로 함께해주옵소서.
사랑하는 형제자매들에게
은혜가 넘치게 해주옵소서.

제가 하는 일마다
하나님의 은혜를 주옵소서.

제가 가는 곳마다
하나님의 은혜가 있게 하옵소서.
제가 만나는 사람들마다
하나님의 은혜로
다스려주시옵소서.

이 땅을 하나님의 은혜로
감싸주시옵소서.
이 나라에 하나님의 은혜가
흘러넘치게 하옵소서.

가난한 자, 억울한 자,
소외된 자에게 은혜를 베푸시고
이 땅의 지도자들에게
하나님의 은혜를 부어주옵소서.

하나님의 크신 은혜를
날마다 더해주시옵소서.
날마다 새로운 은혜를 주옵소서.

하나님,
하나님의 은혜가 제게 가득합니다.
오늘도 하나님의 은혜가
제게서 흘러넘칩니다.
지금 하나님의 은혜로
제가 충만하게 되었습니다.

크신 은혜를 베푸신 하나님
감사합니다.
은혜로 넘쳐나게 하신 하나님
고맙습니다.

은혜를 부어주신 하나님을
찬양합니다.
은혜로 함께하신 하나님
사랑합니다.

은혜로우신 이름,
예수님의 이름으로
기도드립니다. 아멘.

나의 기도

31 예수 기도

하나님의 아들 주 예수여,
죄인 된 저를 불쌍히 여기소서.

하나님의 아들 주 예수여,
제게 은혜를 베푸소서.

하나님의 아들 주 예수여,
저와 동행하소서.

하나님의 아들 주 예수여,
저를 인도하소서.

하나님의 아들 주 예수여,
저를 만지소서.

하나님의 아들
주 예수 그리스도의 이름으로
기도드립니다. 아멘.

나의 기도

따라 하는 기도를 내 마음에 적다

초판 1쇄 발행	2024년 9월 30일
초판 2쇄 발행	2024년 10월 2일
지은이	장재기
펴낸이	여진구
책임편집	최현수
편집	이영주 박소영 안수경 김도연 김아진 정아혜
책임디자인	마영애 ǀ 노지현 조은혜
홍보 · 외서	진효지
마케팅	김상순 강성민
마케팅지원	최영배 정나영
제작	조영석 허병용
경영지원	김혜경 김경희

303비전성경암송학교 유니게 과정
이슬비전도학교 / 303비전성경암송학교 / 303비전꿈나무장학회

펴낸곳　　규장

주소 06770 서울시 서초구 매헌로 16길 20(양재2동) 규장선교센터
전화 02)578-0003 팩스 02)578-7332
이메일 kyujang0691@gmail.com
홈페이지 www.kyujang.com
페이스북 facebook.com/kyujangbook
인스타그램 instagram.com/kyujang_com
카카오스토리 story.kakao.com/kyujangbook
등록일 1978.8.14. 제1-22

ⓒ 저자와의 협약 아래 인지는 생략되었습니다.
이 출판물은 저작권법에 의해 보호를 받는 저작물이므로 무단 전재와 무단 복제를 할 수 없습니다.

본문에 'Mapo금빛나루' 서체가 사용되었습니다.

책값　뒤표지에 있습니다.
ISBN 979-11-6504-561-6 03230

규ǀ장ǀ수ǀ칙

1. 기도로 기획하고 기도로 제작한다.
2. 오직 그리스도의 성품을 사모하는 독자가 원하고 필요로 하는 책만을 출판한다.
3. 한 활자 한 문장에 온 정성을 쏟는다.
4. 성실과 정확을 생명으로 삼고 일한다.
5. 긍정적이며 적극적인 신앙과 신행일치에의 안내자의 사명을 다한다.
6. 충고와 조언을 항상 감사로 경청한다.
7. 지상목표는 문서선교에 있다.

하나님을 사랑하는 자 곧 그의 뜻대로 부르심을 입은 자들에게는 모든 것이 合力하여 善을 이루느니라(롬 8:28)

규장은 문서를 통해 복음전파와 신앙교육에 주력하는 국제적 출판사들의 협의체인 복음주의출판협회(E.C.P.A:Evangelical Christian Publishers Association)의 출판정신에 동참하는 회원(Associate Member)입니다.